喀斯特地区
水利工程供水价格改革研究

邵国洪　雷薇　张辉　张和喜　陈根发　王永涛 等　编著

中国水利水电出版社
www.waterpub.com.cn
·北京·

内 容 提 要

本书围绕喀斯特地区水利工程供水价格改革问题开展深入研究，以贵州省为例，分析了水利工程供水价格的必要性、紧迫性和可行性；针对现阶段存在的主要问题，提出了要统筹推进水利工程管理体制改革与水价改革，多种定价制度并举，推行“两部制”水价等建议和措施。全书共 9 章：第 1 章绪论；第 2 章研究概况——以贵州省为例；第 3 章水利工程建设与运行管理现状；第 4 章水利工程供水成本分析；第 5 章贵州省水利工程供水价格分析；第 6 章水利工程水价改革形势分析；第 7 章水价承受能力与调价空间分析；第 8 章水价形成机制与水价体系分析；第 9 章结论与建议。

本书可供水利工程供水价格改革相关政策研究人员、管理决策者等参考使用。

图书在版编目（CIP）数据

喀斯特地区水利工程供水价格改革研究 / 邵国洪等编著. -- 北京 : 中国水利水电出版社, 2022.12
ISBN 978-7-5226-1145-7

Ⅰ. ①喀… Ⅱ. ①邵… Ⅲ. ①喀斯特地区一水利工程一给水一物价管理一中国 Ⅳ. ①F426.9

中国版本图书馆CIP数据核字(2022)第236626号

书　名	**喀斯特地区水利工程供水价格改革研究** KASITE DIQU SHUILI GONGCHENG GONGSHUI JIAGE GAIGE YANJIU
作　者	邵国洪　雷薇　张辉　张和喜　陈根发　王永涛　等 编著
出版发行	中国水利水电出版社 （北京市海淀区玉渊潭南路 1 号 D 座　100038） 网址：www.waterpub.com.cn E-mail：sales@mwr.gov.cn 电话：（010）68545888（营销中心）
经　售	北京科水图书销售有限公司 电话：（010）68545874、63202643 全国各地新华书店和相关出版物销售网点
排　版	中国水利水电出版社微机排版中心
印　刷	北京中献拓方科技发展有限公司
规　格	184mm×260mm　16 开本　8.5 印张　143 千字
版　次	2022 年 12 月第 1 版　2022 年 12 月第 1 次印刷
定　价	**98.00** 元

本书编委会

主　　编： 邵国洪　雷　薇　张　辉

副主编： 张和喜　陈根发　王永涛

参　　编： 杨　静　董　飞　张　超　林希晨　周岳鹏
周琴慧　黄　翠　黄　维　毛玉姣　曲永驭
黄瑞瑞　张知非　周雨露　黎　业　高　红
李　飞　曹兰意　康　健　张春玲　柳长顺

参编单位： 贵州省水利科学研究院
中国水利水电科学研究院
贵州农业职业学院
贵州五环云控科技有限公司
贵州泰全环保工程有限公司

前言

FOREWORD

《贵州省国民经济和社会发展第十四个五年规划和2035年远景目标纲要》提出要加大水利建设投入，推进水价、水利投融资体制、水务一体化改革，进一步改革完善水利工程供水、城镇供水价格机制。通过水利工程供水价格改革，有力推动水利基础设施建设，实施攻坚行动，加快大水网建设，为全省高质量发展提供有力水利支撑保障。

改革开放以来，贵州省拓展水利工程建设投资渠道，大力建设水利工程，为国民经济发展提供了强有力的保障。但由于价格机制没有理顺，存在着水利工程管理单位收入不足，维修养护资金紧缺，水利工程远期功能发挥受到一定影响；水利工程建设投资回报率低，水价在节约用水、淘汰落后产能中未能发挥杠杆作用等一系列问题。

贵州省水利厅对水利工程供水价格改革高度重视，通过组织贵州省水利科学研究院、中国水利水电科学研究院实地调研花溪松柏山水库、都匀茶园水库、福泉高车水库、思南过水湾水库、黔中水利枢纽、遵义中桥水库等工程，深入了解水利工程运管方式、制定水价、征收水费等情况；召开全省水利工程供水价改革摸底调查工作视频会，统计了省内2262座水库水价数据等工作，开展水利工程供水价格改革研究。

研究发现贵州省水利工程供水价格改革（以下简称“水价改革”）总体滞后，存在着“定价难、定得低、调不动、收不好”等一系列问题，具有必要性、紧迫性和可行性；水利工程供水权益资本合理盈利率应在7%以上；定期校核或动态调整水价，可逐步实现“以水养水”；建议水价改革的关键是要统筹推进水利工程管理体制改革（以下简称“水管体制改革”）与水价改革；多种定价制度并举，逐步改变“定价难”的局面；执行“两部制水价”保证水利工程正常运转等措施。

本书得到了水利部、贵州省水利厅、贵州省发展和改革委员会、贵州省财政厅、贵州省水利投资（集团）有限责任公司、贵州省水利工程管理局及贵州省各市（自治州）水行政主管部门和水利工程管理单位的大力支持，以及贵州省科技计划项目《乡村振兴战略下贵州农村供水保障创新服务能力建设》（黔科合服企〔2021〕4号）、《桐梓河水域岸线高效利用与保护技术研究与示范》（黔科合支撑〔2021〕一般469），贵州省水利科技经费项目《基于人居环境改善的贵州农村人饮工程与污水处理工程的协同优化研究》（KT201908）的支持，在此一并致谢！

作者

2022年12月

目录

CONTENTS

前言

第1章　绪论 …… 1

1.1　研究背景与目标 …… 1

1.2　研究范围与水平年 …… 2

1.3　研究依据 …… 2

1.4　研究内容 …… 3

1.5　技术路线 …… 6

1.6　专业术语 …… 7

1.7　本章小结 …… 10

第2章　研究概况——以贵州省为例 …… 11

2.1　自然概况 …… 11

2.2　经济社会概况 …… 16

2.3　水资源开发利用 …… 18

2.4　本章小结 …… 20

第3章　水利工程建设与运行管理现状 …… 21

3.1　水利工程建设 …… 21

3.2　水利工程运行管理 …… 25

3.3　问题分析 …… 27

第4章　水利工程供水成本分析 …… 28

4.1　成本分析方法 …… 28

4.2　现状成本分析 …… 31

4.3　问题与成因 …… 33

4.4　本章小结 …… 33

第 5 章　贵州省水利工程供水价格分析 …… 34

5.1　定价机制与流程 …… 34

5.2　现状分析 …… 35

第 6 章　水利工程水价改革形势分析 …… 51

6.1　政策变化 …… 51

6.2　建设筹资方式变化 …… 52

6.3　运营管理方式变化 …… 52

6.4　水价改革和管理典型案例 …… 53

6.5　本章小结 …… 59

第 7 章　水价承受能力与调价空间分析 …… 60

7.1　分析方法 …… 60

7.2　水价承受能力分析 …… 62

7.3　水价承受能力预测 …… 72

7.4　水价调价空间分析 …… 78

7.5　本章小结 …… 85

第 8 章　水价形成机制与水价体系分析 …… 87

8.1　定价理论方法 …… 87

8.2　价格体系 …… 104

8.3　调价制度 …… 109

8.4　本章小结 …… 122

第 9 章　结论与建议 …… 123

9.1　结论 …… 123

9.2　建议 …… 125

第1章 绪　论

1.1 研究背景与目标

1. 研究背景

民生为上，治水为要。水利是国民经济社会发展的重要基础设施，不仅直接关系防洪安全、供水安全、粮食安全，而且关系到社会安全、经济安全、生态安全。《贵州省国民经济和社会发展第十四个五年规划和2035年远景目标纲要》提出加大水利建设投入，推进水价、水利投融资体制、水务一体化改革，进一步改革完善水利工程供水、城镇供水价格机制。

贵州省地处我国西南地区，旱灾多发；地貌以高原、山地为主，约占全省总面积的87%，丘陵占10%，盆地、河流阶地和河谷平原仅占3%，是典型的喀斯特高原山地。“人高水低、地高水低”的工程性缺水问题较为突出。

改革开放以来，贵州省积极拓展水利工程建设投资渠道，开工建设了大量水利工程，为国民经济发展提供了强有力的保障。但水利工程供水价格存在着“定价难、定得低、调不动、收不好”等一系列问题，水利工程管理单位收入不足，维修养护资金紧缺，影响了水利工程的良性运行和远期功能发挥、安全保障；水利工程建设投资回报率低，社会资本参与水利工程建设的动力不足；在节约用水、淘汰落后产能中未能发挥水价的杠杆作用。

为推进建立完善贵州省水利工程供水价格机制，通过价格手段促进水资源节约与保护，促进水利工程项目建设和良性运行，贵州省水利厅组织贵州省水利科学研究院和中国水利水电科学研究院的相关专家及时开展全省水利工程供水价格改革研究。

2. 研究目标

为了深入贯彻落实党的十九大精神，落实习近平总书记视察贵州重要讲话精神，坚持“节水优先、空间均衡、系统治理、两手发力”的治水思路，围绕努力开创百姓富、生态美的多彩贵州新未来，巩固拓展脱贫攻坚成果，保障供水安全。本书针对贵州省水利工程供水价格改革过程中需要解决的问题，以具体水库工程为研究对象，从水利工程运行管理、水价形成机制、定价机制、价格体系、收费体系、奖补体系等方面，提出了完善贵州省水利工程供水价格机制的政策建议，旨在促进水资源节约与保护，促进水利工程项目建设和良性运行，实现“以水养水”。

1.2 研究范围与水平年

1. 研究范围

本书研究范围为贵州省行政区域内水利管理部门的具有供水功能的水库工程供水价格的核定和水费计收管理。

2. 规划水平年

（1）现状年：2020 年。

（2）存量工程：2011 年（不含）以前建设的水库工程。

（3）增量工程：2011 年（含）以后建设的水库工程。

1.3 研究依据

1. 法律、法规、规章

（1）《中华人民共和国水法》。

（2）《中华人民共和国国民经济和社会发展第十四个五年规划和 2035 年远景目标纲要》。

（3）《中华人民共和国价格法》。

（4）《中华人民共和国会计法》。

（5）《水利工程供水价格管理办法》。

（6）《政府制定价格成本监审办法》。

（7）《水利工程供水定价成本监审办法（征求表见稿）》。

（8）《城镇供水价格管理办法》。

2. 技术规范

(1)《水利工程供水价格核算规范(试行)》。

(2)《水利工程管理单位定岗标准 水利工程维修养护定额标准》。

(3)《贵州省水利工程维修养护定额标准》。

3. 地方文件

《贵州省国民经济和社会发展第十四个五年规划和2035年远景目标纲要》。

1.4 研究内容

1.4.1 现状与问题分析

1. 水利工程建设情况

以贵州省水利厅统计台账为基础,结合各市(自治州)统计数据和实地调研,从工程等级等角度,统计贵州省水库工程数量、库容及供水能力、实际供水情况、水费收取情况、供水成本情况、政府补贴情况等。

2. 水利工程运营管理

通过调研水利工程主要运营方式,划分管理单位性质,统计不同类型运营主体工程数量占比;统计水利工程资产规模、运营管理资金来源等,分析供水收入、非供水收入、财政补贴等收入占比情况及工程运行的盈亏情况。

3. 水价及水费征收情况

以各级统计台账为基础,进行实地补充调研,统计分析典型工程的定价机制及历次水价调整时间、调价幅度、调价周期;统计不同工程等级、不同区域的现行水价水平及水价构成以及不同类型用户的水费征收情况。

4. 问题分析

贵州省水利工程管理及供水价格改革面临的主要问题如下:

(1) 管理。剖析水利工程管理主体、管理制度存在的问题以及主要成因与根本症结。

(2) 定价。从现行水利工程供水价格形成机制层面,分析现有工程的定价率、收费率;分析定价政策、定价程序存在的问题和不足;民生、工程验收进度、水利工程管理单位(以下简称“水管单位”)技术力量、收费积极性等方面与水利工程供水定价等之间的关系。

(3) 调价。分析贵州省不同工程等级、不同区域和不同用户的水价情况，分析定价的成本构成以及调价政策、调价程序存在的问题与不足，分析调价难的深层次原因。

(4) 收费。分析重点工程实收水费与应收水费比例，从收费主体、计量方式、收费方式等方面，分析水费征收方面遇到的问题，剖析主要成因。

(5) 典型案例分析。选取典型水库工程，从管理、定价、调价及水费收取等方面分析其存在的问题。

1.4.2 水利工程水价改革形势分析

1. 政策调整

在水利工程水价改革方面，国家倡导节约水资源、绿色价格体系改革等；从水价形成机制方面，鼓励在非民生、竞争性领域和定额外的水价定价逐步实现市场化；从成本核算方面，国家相关部门正在逐步健全准许成本和准许利润机制。准许成本不允许将国家投资和社会无偿投入计入供水成本，人员数量要定岗定编，人员工资要参考行业平均工资。准许利润不再按照净资产的利润率计算，而是按照有效资产的准许利润率计算，有效资产中，融资部分的准许利润按照融资成本计算，非融资部分的准许利润按照最近一期5年期国债利率上浮不超过2%计算。水利部门必须在符合发展和改革委员会（以下简称“发改委”）价格改革思想的前提下，拓宽思路，推进水利工程水价成本核算和成本监审的规范化和透明化。

2. 建设筹资方式变化

水利工程建设的筹资方式发生变化，水价在筹资方面的作用日益凸显。拓宽水利工程建设资金筹措渠道如下：

(1) 落实水价标准和收费制度，推动在工程建设前合理确定供水价格，与供水对象就水价标准、水量消纳、水费收缴以及动态调整机制达成协议，有效降低工程运营的风险，稳定市场主体的投资预期。

(2) 建立合理的回报机制，对于不能完全市场化运营的这些项目，中央和地方政府将在评估论证基础上，注入部分资本金或者给予投资补助，促进社会投资主体能够获得与其所投入的资本相匹配的合理回报。

(3) 扩大股权和债权融资规模，综合运用各种权益性、债务性投融资工具，优化项目经营主体的股权结构，降低融资成本和延长还款年限，有效提升市场化融资规模。

3. 运营管理方式变化

目前，贵州省水利工程主要由事业单位运行管理，管理上遇到一定的问题与挑战，分析水利工程由事业单位管理转化到企业化管理等的可能性。

4. 典型成功案例

本书选取具有代表性的水库工程作为典型成功案例，分析其做法及可推广、可借鉴的经验。

1.4.3 水价承受能力分析

传统的水价承受能力按照可支配收入、单位产品产值一定比例进行计算。例如，计算水费支付意愿为农业亩均产值的5%或净产值的10%。水价承受能力随水资源条件、经济条件、地域地貌类型以及用户类型变化，因此该方法无法满足水价改革的需求。可通过城乡居民可支配收入、工业主要产品及产值、农业主要产品亩均用水量、产出和电价等信息，构建随地域、用户变化的水价承受能力计算公式，针对不同供水对象，如城乡居民生活用水、工业用水、农业用水、发电用水等供应对象，分析其水价承受能力。

1.4.4 水价形成机制与水价体系分析

为促进贵州高质量发展和水利工程可持续运行的水价形成机制，在政府定价的基础上，应不断扩大市场定价的范围。在市场定价的范围内，政府负责制定价格上、下限作为参考，并派出第三方机构参与供需双方的协商过程。

针对水价偏低，分区分类调整，加快建立合理的水价体系。逐步将水利工程农业用水水价调整到运行维护成本水平，在基础好的行业和区域，推广实施“以城补乡、以工补农、以经补粮”，逐步建立合理的水价体系。

1.4.5 政策建议

1. 运营管护

根据贵州省现有的水利工程运行管理机制、设备自动化信息化水平以及监测计量设施建设情况，提出有针对性的运营管理体制改革、监测计量设施建设提升以及信息化、智能化体系建设等建议。

2. 水价形成机制

根据不同区域、不同行业，制定逐步推进市场定价的政策建议。对于民生领域水价，提出以补偿成本为基础的水价形成机制；对于非民生、竞争性行业，以及定额外用水，拟提出政府制定水价上、下限作为参考，并派第三方机构参与供需双方协商定价、监督水价执行情况。

3. 定价机制

根据国家发改委最新政策和对绿色价格体系改革的要求，制定《贵州省水利工程供水价格核定及水费计收管理办法》。其主要包括规范固定资产折旧和人员成本核算；促进定期成本监审和年度成本公开；确定准许收益率计算方法；制定调价条件和调价周期，将供水质量纳入调价考核范畴等。

4. 价格体系

按照区域特征，分析“以城补乡、以工补农，以经补粮”水价体系的比价差价关系及其可行性；分析丰水期、枯水期差价，季节差价，不同保障率差价等价格关系的可行性。

5. 水费征收

提出促进监测计量设施体系建设，依靠“互联网＋”系统，制定灵活多样的收费手段等政策建议；提出将不交收费等行为纳入征信系统的可行性与政策建议。

6. 奖补措施

从促进节水、鼓励按时交纳水费的角度，提出“一提一补、奖补结合”等对应政策建议。

7. 其他

从法律法规体系建设、组织保障、宣传引导等方面，提出贵州省水利工程供水价格改革的针对性建议。

1.5 技术路线

本书按照“现状调研-问题剖析-体系构建-政策建议”的思路，采用数据统计分析、计量经济学模型等方法展开具体研究，技术路线图如图1-1所示。

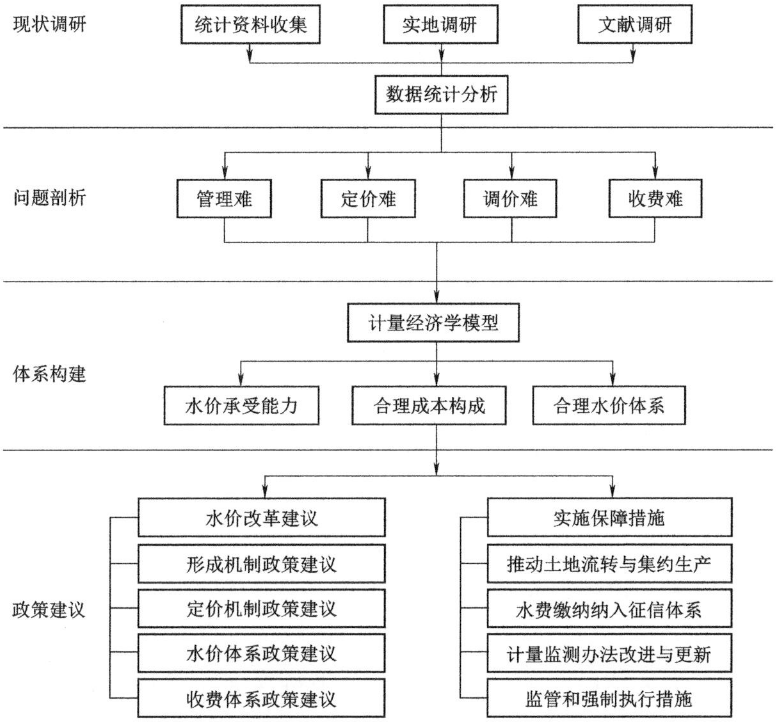

图 1-1　技术路线图

1.6 专 业 术 语

1. 水价

水价是水的商品价值的货币表现。水的商品价值指水资源原生效用体现及其形成水资源产品过程中凝结的全社会投入。

(1) 从水源角度看，水价可分为地表水水价、地下水水价、非常规水（如中水、海水淡化）水价等。

(2) 从用户角度来看，水价包括供农业生产用水的农业水价，供农村人畜饮水的农村供水水价，供城市、工业用水的非农业供水水价。

2. 水利工程供水价格

水利工程供水价格是指通过拦、蓄、引、提等水利工程设施直接销售给用水户的水商品价格，一般没有经过第三方的加工或处理，包括农业供水水价和非农业供水水价。其中，农业供水水价指供给农业生产用水的价格，不包含末级渠系水价；非农业供水水价指直接供水给工业园区或企业、城市水厂等非农业用水的价格，核算的范围只包括水源工程直接接入用水户入口端水价，后续的加工、处理环节不属于水利工程水价核算的范畴。

3. 农业灌溉终端水价

农业灌溉终端水价是指在农业灌溉干支渠工程（国有骨干工程）水价的基础上，加上末级渠系水价，形成的农业灌溉用水终端水价。

4. 非农业用水终端水价

非农业用水终端水价是指在水利工程非农业供水水价的基础上，加上水厂输水、制水、配水等成本和利润，形成的非农业用水终端水价，本书所计算的非农业用水终端水价，不包含污水处理费。

5. 农村供水水价

农村供水水价通过农村饮水工程提供给用水户，主要用于人畜饮水的商品水价格，通常按成本定价、免税微利。

6. 水费

水费是指供水方供给既定水量由购买方支付的费用，通常按“水量×水价”计算。

7. “两部制”水价

“两部制”水价由基本水价（容量水价）和计量水价两部分组成的计价方式，用水户用水量未超过基本水量时，收费为固定值；用水量超过基本水量时，超出部分按计量水量计收水费。

8. 阶梯水价

阶梯水价是指将用水量分为两级或多级，实行分级计价的方式。

9. 水价形成机制

水价形成机制是指水价确定的方式及价格影响因素之间的相互作用内容与过程。通常分为政府制定价格、市场形成价格、政府与市场“两手发力”形成价格。

10. 公益性生产和服务

公益性生产和服务是指生产和服务不以营利为目的，为人民提供低偿或无偿服务，维护公共利益的生产和服务行为。

11. 价格构成

价格构成是反映水的商品价值各组成部分的货币构成，由资源成本、生产成本、环境成本等构成。现阶段我国水利工程供水价格主要考虑供水生产成本进行核定，同时计入水资源费，反映一部分水资源成本。

12. 供水全成本

供水全成本是指供水单位为生产和销售水商品而消耗的全部费用，包括以下内容：

（1）直接从事供水生产人员的工资、奖金、福利费、津贴和补贴。

（2）水利管理单位购水支付的原水费、供水生产过程中消耗的燃料动力费等直接材料费。

（3）供水生产过程中发生的水文、水工观测费和临时设施费等其他直接支出。

（4）供水生产部门为组织和管理生产而发生的人员工资、福利费、固定资产折旧费、试验检测费和水资源费等制造费用。

（5）期间费用，其主要包括管理费用、财务费用和销售费用。

13. 运行成本

在供水全成本的基础上，不计入固定资产折旧和大修费。

14. 资源成本

体现国家的所有权，反映国家作为水资源全民所有的代表维护共有财产和社会福利的权益，体现稀缺性与水质级差的租税，这是国家所有水资源出让的经济形式。

15. 环境成本

环境成本是指水资源开发利用活动导致的外部成本体现，即造成生态环境功能降低的经济补偿价格。

16. 社会全成本

社会全成本由资源成本、工程成本、环境成本、税金和利润构成。

17. 全成本约束价格

考虑到全民的长远公共利益、企业经营的积极性以及用户的承受能力，采用价格上限约束的管制，称为全成本约束价格。

18. 水利工程水费收缴率

水利工程水费收缴率指已定价收费的水利工程，实收水费占应收水费的比例，反映各地方水费征收水平。

19. 水利工程供水定价率

水利工程供水定价率指已建成运行并对供水进行定价的工程占已建成运行工程总数的比例。

20. 水利工程供水收费率

水利工程供水收费率指已建成运行并对供水进行定价并收费的工程占已建成运行工程总数的比例。

1.7 本章小结

（1）贵州省“人高水低、地高水低”，工程性缺水问题突出，虽近十年建设了大量水利工程，但由于价格机制没有理顺，目前水管单位收入不足，工程不能良性运行。

（2）本书为完善贵州省水利工程供水价格机制提出一系列建议，通过价格手段促进水资源节约与保护，促进水利工程项目建设和良性运行，实现“以水养水”。

（3）本书通过对贵州省各地水利工程现状调研发现问题，从当前改革形势、水价承受能力、水价形成机制及水价体系等方面进行分析，提出相应建议。

第2章　研究概况——以贵州省为例

2.1　自　然　概　况

2.1.1　地理位置

贵州省位于我国西南地区，东经103°36′～109°35′、北纬24°37′～29°13′，东毗湖南，南邻广西，西连云南，北接四川、重庆。全省东西长约595km，南北相距约509km，面积为17.6万km^2，占全国总面积的1.83%，贵州省处于两江流域上游，风光秀丽、气候宜人、资源丰富、发展潜力巨大，地理位置十分重要。

2.1.2　地形地貌

贵州省地处云贵高原东侧，处于四川盆地、广西丘陵和湘西丘陵之间的亚热带岩溶山区，属于西部高原山地地貌，地势西高东低，自中部向北、东、南三面倾斜，平均海拔1100m。西部海拔在1600.00m以上，乌蒙山脉地势最高，为贵州省境内最高点韭菜坪海拔为2900.60m。中部海拔为1000.00～1800.00m，苗岭山脉横亘贵州中部，是贵州省长江流域与珠江流域的分水岭，主峰雷公山海拔为2178.00m；东北部的武陵山脉，北东向进入湘西，是乌江与沅江的分水岭，主峰梵净山海拔2572.00m。北部为大娄山山脉，主峰白马山海拔为1965.00m，自西向东北斜贯黔北，是贵州省的北部屏障，川黔要隘娄山关位于主脉脊梁上。位于黔东南州黎平县地坪乡水口河出省界处为贵州省境内最低点，海拔为147.80m。

贵州省地貌类型为高原山地、丘陵和盆地。其中，全省92.5%的面积为山地和丘陵，山地居多。根据岩石性质、形成原因不同，又可分为溶蚀地貌、溶蚀-侵蚀地貌、侵蚀-剥蚀地貌。根据形态特征分为盆地、台地、丘陵、低山、低中山、中山、高中山等类型。贵州省喀斯特地貌发育非常典型，类型多样，有石芽、石沟、溶斗、溶洞、溶蚀洼地、槽谷、伏流、涌泉、峡谷、石林、峰林、峰丛等，是喀斯特地学的天然百科全书，碳酸盐岩分布面积占全省总面积的73%。

2.1.3 气象水文

贵州省气候温暖湿润，属亚热带湿润季风气候区，光照适中、雨热同季、气温变化小、冬暖夏凉、气候宜人，年平均气温为15℃；雨日多，降水时空差异大，年降水量为800～1700mm，夏季风盛行的5—10月降水最为集中，占年降水量的75%以上，6—8月尤其突出，占年降水量的45%以上，冬季风盛行的11月至次年4月只占年降水量的15%～30%，特别是12月至次年2月最少，仅占年降水量的6%左右。多年平均年降水量的分布趋势，由东南向西北递减，山区大于谷地区，迎风面降水多，背风面降水少；无霜期为270d左右。受大气环流及地形等影响，贵州省气候呈多样性，高原山地和深切河谷地带，气候垂直变化非常明显，山上、山下冷暖不同，降水情况也有差异，故有“一山有四季，十里不同天”。另外，贵州省气候不稳定，灾害性天气种类较多且频发，对农业生产危害严重。全省气候湿度相对较大。蒸发量7月最大、1月最少，等值线分布为600～1200mm，由西南向东北逐渐递减，其中北盘江下游河谷区年蒸发量最大，平均可达1000～1200mm，西部高原晴天多、风力强，蒸发量较大。干旱指数为0.4～1.0，等值线的分布趋势是由南向北、由西向东递减。贵州省处于我国云量分布的高值区，云量多、太阳辐射总量和日照少，全年日照时数呈南多北少的趋势，多年平均日照时数为1000～1800h。

2.1.4 河流水系

1. 流域

以贵州省中部偏南的苗岭为分水岭，北部属长江流域，南部属珠江流域。全省河流顺地势由西部、中部向北、东、南三面分流。

(1) 境内长江流域：流域面积为11.57万km^2，包括乌江水系、洞庭湖（沅江）水系、赤水河和綦江水系、牛栏江和横江水系，占全省总面积的65.7%。

1）乌江水系为贵州省最大的河流，境内流域面积 6.68 万 km^2，流经贵州省西部与中部，汇入重庆市。

2）洞庭湖（沅江）水系，境内流域面积为 3.0 万 km^2，流经贵州省东部，汇入湖南省。

3）赤水河和綦江水系境内流域面积为 1.38 万 km^2，流经贵州省西北部汇入四川省、重庆市。

4）牛栏江和横江水系境内流域面积为 0.49 万 km^2，流经贵州省西北角，汇入四川省。

主要河流有乌江、赤水河、清水江、㵲阳河、锦江、松桃河、松坎河、牛栏江、横江、洪州河等。

（2）境内珠江流域：流域面积为 6.04 万 km^2，包括南盘江水系、北盘江水系、红水河水系和柳江水系，占全省总面积的 34.3%。

1）南盘江水系位于贵州省西南部，境内流域面积为 0.77 万 km^2。

2）北盘江水系位于贵州省西南部，境内流域面积为 2.10 万 km^2。

3）红水河水系位于贵州省南部，境内流域面积为 1.60 万 km^2。

4）柳江水系位于贵州省东南部，境内流域面积为 1.58 万 km^2，汇入广西。

主要河流有南盘江、北盘江、红水河、都柳江、打邦河、蒙江、打狗河等。

2. 主要河流

贵州省的主要河流除南盘江、北盘江、赤水河等发源于云南省且有客水补给，其余河流均发源于贵州省境内，自成水系，后汇入省外。河流的山区性特征明显，大多为上游河谷开阔，耕地集中、人烟稠密，工农业发达，河流比降平缓，田多水少、工业用水与农业灌溉用水矛盾较突出；中游河段河谷束放相间，比降大、水流湍急，水力资源丰富；下游河段河谷狭窄深切，傍河台地少、水量大，水力资源丰富，在比降较缓河段并可航运和漂木。一些河流在穿行于岩溶地区时，常形成多段伏流，一般都有较集中的落差，个别高达百米以上；还有一些河流由于河床岩性差异等因素而形成多级阶梯瀑布，其中打邦河的黄果树大瀑布宽 84m，落差 67m，闻名于世；部分河流由于泄水洞堵塞，形成常年性或季节性湖泊，俗称“海子”，主要分布在贵州西部、西南部，以威宁彝族回族苗族自治县的草海面积最大。

乌江、六冲河、赤水河、清水江、㵲阳河、南盘江、北盘江、都柳江河流情况如下。

（1）乌江。乌江古称“延江”“黔江”，发源于贵州省西部高原乌蒙山脉东麓威宁县盐仓镇西南，东南流经水城、纳雍、织金、六枝等，至普定后折向东北，经安顺、平坝、清镇等（称“三岔河”），汇入六冲河后称“鸭池河”，东北流经黔西、修文、金沙、息烽、遵义，至乌江渡后始称“乌江”；东北流经开阳、瓮安、湄潭、余庆、石阡、思南、德江、沿河等，折西北方向入重庆市；经彭水、武隆至涪陵汇入长江。乌江流域横贯贵州省西部、中部和东北部，全长1037km，天然落差2123.50m，平均比降2.05‰，河口多年平均流量为1650m^3/s。

（2）六冲河。六冲河又称寄仲河，是乌江最大的支流，发源于赫章县可乐乡北，东南流经赫章县县城后潜入地下，经三段伏流河段出露于地表，东北流汇红岩河，水量增大，又潜入地下，经三段伏流，于七星关折向东南，流经总溪河后进入仙人洞伏流河段，出露后至伍佐河口折向东流，在化屋基汇入乌江上源三岔河。六冲河流域总面积为1.07万km^2，流域形状似宽叶，北岸支流多于南岸，全长268km，总落差1294m，平均比降4.8‰，平均流量176m^3/s。

（3）赤水河。赤水河是长江上游干流区南岸较大支流，发源于云南省镇雄县大湾鱼洞乡之大洞口，至云南、贵州、四川三省交界处流向东北，是贵州、四川两省的界河，至仁怀茅台折西北流，至赤水市大同河口折东北流，至鲢鱼溪流入四川省，至合江城东注入长江。流域面积为2.04万km^2，其中贵州省境内流域面积为1.14万km^2，呈桑叶形，支流右岸多于左岸。全长387km，贵州省境内河长299km。总落差1588m，平均比降3.57‰。河口多年平均流量309m^3/s。

（4）清水江。清水江是沅江上游，发源于苗岭山脉贵定县境斗蓬山南，至都匀称剑江于小围寨转东南流，经王司折向东北流（称“马尾河”），经麻江、凯里汇入支流重安江后（始称“清水江”）向东流经台江、剑河，至锦屏折东北，至天柱县瓮洞入湖南省，至湖南黔城汇入支流㵲阳河后（始称“沅水”）流入洞庭湖。清水江流域呈狭长形，贵州省境内河长459km，流域面积1.71万km^2，出省境处多年平均流量355m^3/s，总落差1275m，平均比降2.78‰。

（5）㵲阳河。㵲阳河属长江流域洞庭湖水系沅江支流，发源于贵州省瓮安县东南部岚关乡的后龙洞，以泉水的形式出露，流域西端最高峰为大岩，海拔为 1521.00m，与支流波洞河在黄平何家榜汇合后（始称“㵲阳河”）经黄平旧州，于印地坝进入施秉，穿过长 30km 的峡谷区（即观音岩电站库区，又名“上㵲阳风景区”）后进入施秉城关田坝，于诸葛洞入镇远县境，穿过红旗电站库区（又名“下㵲阳风景区”），经镇远、玉屏于湖南、贵州两省交界处的罗家寨电站进入湖南省，至怀化市后折向南流，在洪江市上游汇入沅江。全长 400km，贵州省境内全长 258.4km，流域集水面积 1.10 万 km^2，总落差 490m，流域平均坡降 4.6‰。

（6）南盘江。红水河上游称为“南盘江”，是珠江干流西江的主流，发源于云南省沾益县乌蒙山脉马雄山大冲沟水洞，至山江口（黄泥河汇入）为贵州、广西界河，于望谟县双江口纳入支流北盘江（称“红水河”）。全长 936km，流域面积为 5.49 万 km^2，总落差 1854m，平均比降 1.98‰，河口多年平均流量 688m^3/s。流域内岩溶洼地较多，较大的洼地湖泊有龙广海子、坡塘海子、绿海子。

（7）北盘江。北盘江是西江上游红水河的最大支流，发源于云南省沾益县乌蒙山脉马雄山西北侧，东北流经宣威，至双坝河口折向南流，至都格岔河汇入支流拖长江，为云南、贵州两省界河，汇入支流可渡河后进入贵州流向东南，经水城、普安、六枝、关岭、镇宁、贞丰、望谟等，至双河口汇入红水河。全长 450km，总落差 1985m，平均比降 4.42‰，河口多年平均流量 390m^3/s，流域面积 2.65 万 km^2。贵州省境内河长 352km，面积 2.10 万 km^2。北盘江进入贵州后，河道蜿蜒穿行于群山之中，河谷大多为 V 形峡谷，河面狭小、两岸多悬崖峭壁，河滩险滩林立，水土流失严重。流域内石灰岩分布广、岩溶发育，井泉洼地、地下伏流、跌水、瀑布较多，全流域有大小瀑布 165 处。

（8）都柳江。都柳江发源于独山县拉林，至独山县城南郊折东南流，再转东北至三都县向东流，经榕江、从江至长寨河口入广西，东北流至八洛独洞河口贵州境内，再入广西。全长 330km，落差 1176m，平均比降 3.56‰，平均流量为 212m^3/s，流域面积 1.16 万 km^2。都柳江流域从西向东倾斜，河流两岸分水岭与河谷之间有规律的呈现低山和丘陵，河流穿行于山区之间，比降大，傍河有狭窄台地和小盆地；至三都段，耕地集中，人烟稠密，傍河村寨多；三都段以下进入河谷，河谷深切，两岸为陡坡山地，耕地零星分散。

2.2 经济社会概况

2.2.1 人口状况

贵州省设贵阳、六盘水、遵义、安顺、毕节、铜仁、黔西南、黔东南、黔南共9个市（自治州）。贵州省共有48个少数民族，少数民族自治地区总面积为9.78万 km^2，占贵州省面积的55.5%。

2019年末贵州省常住人口3622.95万人，其中，城镇常住人口1775.97万人。2015—2019年贵州省各市（自治州）常住人口数逐年微长，统计情况见表2-1。

表2-1　2015—2019年贵州省各市（自治州）常住人口数量统计表　单位：万人

市（自治州）	2015年	2016年	2017年	2018年	2019年
贵阳	462.18	469.68	480.20	488.19	497.14
六盘水	288.99	290.69	292.41	293.73	295.05
遵义	619.21	622.84	624.83	627.07	630.20
安顺	231.35	232.86	234.44	235.31	236.36
毕节	660.61	664.18	665.97	668.61	671.43
铜仁	312.24	314.07	315.69	316.88	318.85
黔西南	282.16	283.82	286.00	287.17	288.60
黔东南	348.54	350.74	352.37	353.83	355.20
黔南	324.22	326.12	328.09	329.21	330.12

2.2.2 经济概况

2019年全省地区生产总值16769.34亿元，较2018年增长8.3%。其中，第一产业增加值2280.56亿元，较2018年增长5.7%；第二产业增加值6062.01亿元，较2018年增长9.8%；第三产业增加值8434.66亿元，较2018年增长7.8%。人均地区生产总值46433元。其中，地区生产总值排名前三位分别为贵阳、遵义、毕节；人均地区生产总值排名前三位分别是贵阳、遵义、黔南。2019年贵州省各市（自治州）第一、第二、第三产业增加值统计见表2-2。

表 2-2　2019 年贵州省各市（自治州）第一、第二、第三产业增加值统计表 单位：亿元

市（自治州）	第一产业	第二产业	第三产业	地区生产总值	人均地区生产总值/元
贵阳	161.34	1495.41	2382.85	4039.60	81995
六盘水	154.76	582.43	528.78	1265.97	43003
遵义	431.87	1592.79	1458.66	3483.32	55411
安顺	157.19	292.14	474.61	923.94	39177
毕节	439.36	520.67	941.33	1901.36	28378
铜仁	254.89	325.87	668.40	1249.16	39298
黔西南	226.88	444.58	601.34	1272.80	44212
黔东南	223.73	253.74	645.57	1123.04	31678
黔南	230.54	554.38	733.12	1518.04	46048

从对地区生产总值贡献率来看，2019 年第一产业增加值占地区生产总值的比重为 13.6%，所占比重较 2018 年下降 0.4%；第二产业增加值占地区生产总值的比重为 36.1%，所占比重较 2018 年提高 0.2%；第三产业增加值占地区生产总值的比重为 50.3%，所占比重较 2018 年提高 0.2%。分地区来看，全省 7 个市（自治州）第三产业对地区生产总值贡献率超过第二产业，仅六盘水市及遵义市第二产业对地区生产总值贡献率高于第三产业，全省总体产业结构进一步由“二三一”向“三二一”的方式转变。2019 年贵州省各市（自治州）第一、第二、第三产业对地区生产总值贡献率如图 2-1 所示。

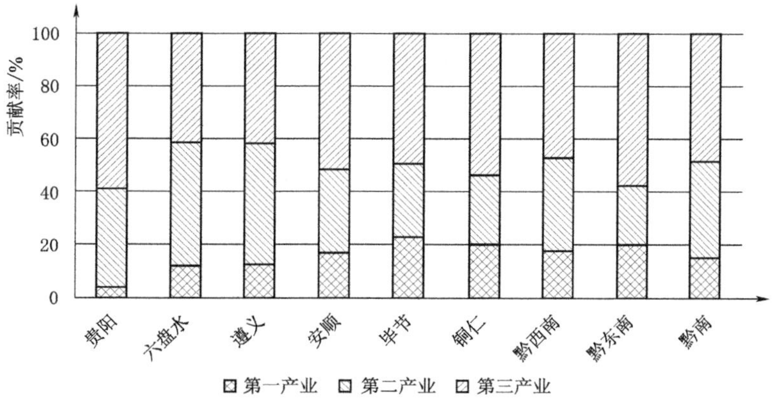

图 2-1　2019 年贵州省各市（自治州）第一、第二、第三产业对地区生产总值贡献率

近年来，贵州省人均可支配收入稳步上升，增长率每年保持在 10% 以上，如图 2-2 所示。2019 年，贵州省人均可支配收入为 20397 元，较 2013 年的

11083 元增长了近一倍。其中，城镇居民人均可支配收入 34404 元，较 2013 年增长了 67.3%。农村居民人均可支配收入 10756 元，较 2013 年增长了 82.4%。农村居民的可支配收入增长率高于城镇居民，城乡收入差距逐渐减小。

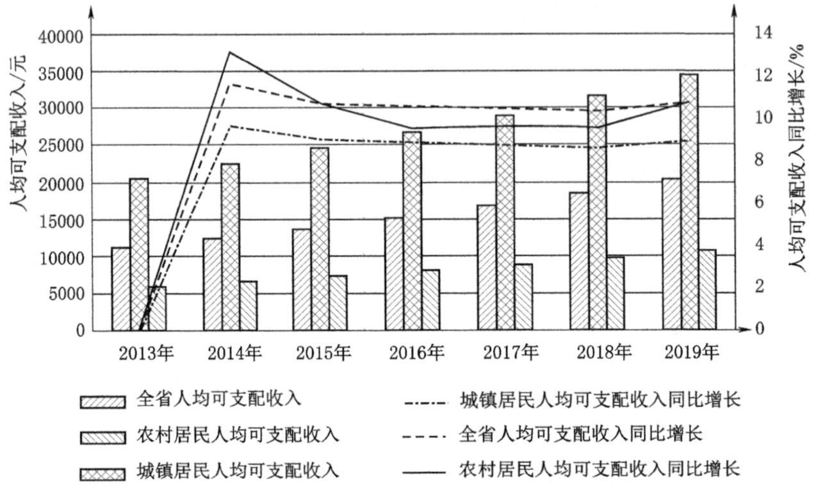

图 2-2　贵州省人均可支配收入变化情况

随着贵州省社会经济的发展，2010—2019 年贵州省居民消费价格指数也稳步提升，每年增幅为 1%～5%。2019 年贵州省居民消费价格指数较 2018 年增长了 2.40%，其中城镇消费价格指数增长了 2.20%，农村居民消费价格指数增长了 2.60%。2011—2017 年全省居民消费价格指数增长率逐渐放缓，2018 年、2019 年开始回升。城镇居民消费价格指数增长率略高于农村，详见表 2-3。

表 2-3　　2010—2019 年贵州省居民消费价格指数增长率

年份	2010	2011	2012	2013	2014	2015	2016	2017	2018	2019
贵州省	2.90%	5.10%	2.70%	2.50%	2.40%	1.80%	1.40%	0.90%	1.80%	2.40%
城镇	3.10%	5.30%	2.70%	2.90%	2.40%	2.00%	1.50%	1.10%	2.00%	2.20%
农村	2.60%	4.80%	2.80%	1.70%	2.50%	1.50%	1.10%	0.60%	1.40%	2.60%

2.3　水资源开发利用

2019 年贵州省降水总量为 2195 亿 m^3，水资源总量为 1117 亿 m^3，属平水年份。入境水量为 42.85 亿 m^3，出境水量为 902.65 亿 m^3，入省际界河水量 232.4 亿 m^3。产水量为 634 万 m^3/a，人均水资源量为 $3083m^3/a$。

2019 年贵州省蓄水量为 284.55 亿 m^3，较 2018 年减蓄 3.63 亿 m^3。全省总供水量为 108.06 亿 m^3，较 2018 年增加 1.27 亿 m^3，其中地表水源供水量 104.87 亿 m^3，地下水源供水量 2.00 亿 m^3，其他水源供水量 1.19 亿 m^3。全省总用水量与总供水量持平，其中生活用水 19.97 亿 m^3（含居民生活用水、城镇公共用水）、生产用水 87.12 亿 m^3（含农田灌溉用水、林牧渔畜用水、工业用水），生态环境用水量 0.97 亿 m^3。2019 年贵州省用水构成占比情况如图 2-3 所示。

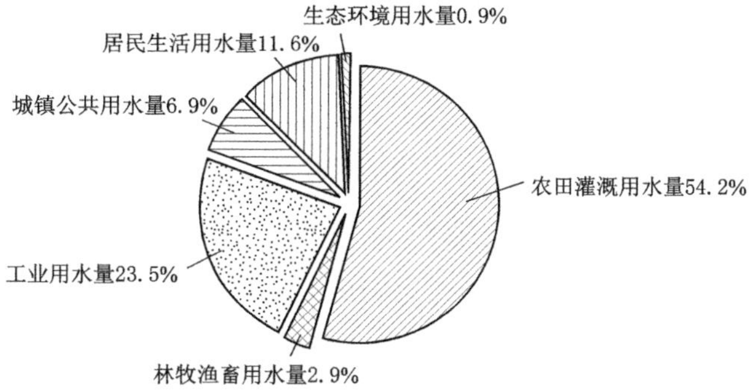

图 2-3　2019 年贵州省用水构成占比情况

2019 年贵州省各市（自治州）用水量构成如图 2-4 所示。

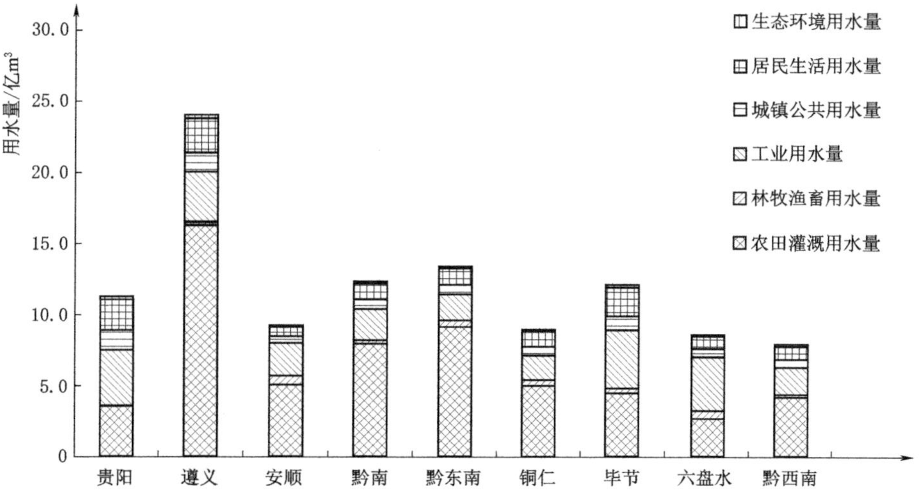

图 2-4　2019 年贵州省各市（自治州）用水量构成

贵州省水资源总量巨大，而水资源开发利用率低，属于工程性缺水。2019 年全省总供水量为 108.06 亿 m^3，地表水供水为主，地表水源供水量为 104.87

亿 m^3，约占总供水量的 97.0%。地下水源供水量 2.00 亿 m^3，约占总供水量的 1.9%。其他水源供水量 1.19 亿 m^3，约占总供水量的 1.1%。长江流域总供水量为 76.12 亿 m^3，珠江流域总供水量为 31.94 亿 m^3。

2.4 本章小结

(1) 贵州省位于我国西南部，地处云贵高原东侧的梯级状大斜坡上，地貌以高原山地、丘陵和盆地为主，属亚热带湿润季风气候区，气候温暖湿润，其内河流分属长江流域和珠江流域，主要河流有乌江、六冲河、赤水河、清水江、㵲阳河、南盘江以及都柳江。

(2) 贵州省辖 9 个市（自治州），2019 年常住人口约 3620 万人，城镇化率约 50%。2019 年全省地区生产总值约 16700 亿元，其中第三产业约占 50%，第一、第二产业分别约占 10%和 40%。2019 年人均可支配收入为 20397 元，相较于 2013 年的 11083 元增长了近一倍。农村居民可支配收入增长率高于城市居民，城乡之间的收入差距在逐渐减小。

(3) 贵州省水资源总量巨大，然而水资源开发利用率低，属于工程性缺水。2019 年全省总供水量为 108.06 亿 m^3，占当年水资源总量的 9.7%，以地表水供水为主。

第3章　水利工程建设与运行管理现状

3.1　水利工程建设

1. 建设情况

截至2021年6月，贵州省已投入运行水库共2262座。其中，2011年之前开工并建成投入运行水库（存量水库）为2101座；2011年（含）之后开工在建水库332座，建成投入运行的水库（增量水库）为161座。总库容为61.60亿m^3，兴利库容38.46亿m^3，死库容11.73亿m^3；设计供水量48.30亿m^3。2018—2020年平均实际供水量21.03亿m^3，实际供水量约占设计供水量的43.53%。贵州省已建成投入运行水库工程建设情况统计表见表3-1。

2101座存量水库的总库容51.30亿m^3，兴利库容30.97亿m^3，死库容10.78亿m^3；设计供水量38.27亿m^3，2020年实际供水量19.95亿m^3，约占设计供水量的52.13%。水库运行管理事业单位1440个，企业134个，其他527个。贵州省已建成投入运行存量水库工程建设情况统计表见表3-2。

161座增量水库的总库容10.30亿m^3，兴利库容7.49亿m^3，死库容0.95亿m^3；设计供水量10.03亿m^3，2018—2020年年平均实际供水量1.08亿m^3，约占设计供水量的10.76%。水库运行管理事业单位的70个，企业61个，其他30个。贵州省已建成投入运行增量水库工程建设情况统计表见表3-3。

2. 投资情况

2011年以前投资建设的水利工程以政府投资为主，部分工程为当地群众投工投劳建设，自筹资金投资比例非常低。

2011年之后，贵州省水利工程建设投融资体制发生深刻变化。2011年10月贵州省水利投资（集团）有限责任公司（以下简称“水投集团”）成立，贵

表 3-1　　贵州省已建成投入运行水库工程建设情况统计表

序号	市（自治州）	水库数量/座	库容/亿 m^3			工程总投资/万元	功能定位/座					单位性质/个			设计供水量/亿 m^3	实际供水量/亿 m^3
			总库容	兴利库容	死库容		灌溉	城乡供水	灌溉/城乡供水	发电	其他	事业	企业	其他		
1	贵阳	191	13.47	8.49	1.98	144973	115	5	41	1	29	76	13	102	7.18	3.99
2	六盘水	79	13.75	6.55	6.17	943064	22	22	10	7	18	38	19	22	8.08	0.91
3	遵义	547	8.93	6.07	0.68	1009889	277	45	142	1	82	345	41	161	9.47	5.49
4	安顺	163	3.85	2.30	0.39	187619	18	2	6	1	136	137	3	23	3.06	1.31
5	毕节	181	2.83	1.93	0.27	237008	55	8	2	1	115	119	5	57	3.09	1.54
6	铜仁	398	4.92	3.47	0.57	708542	228	6	21	1	142	332	9	57	3.48	1.23
7	黔西南	136	4.35	3.07	0.65	730073	68	9	27	0	32	89	34	13	3.33	1.55
8	黔东南	278	5.55	3.91	0.61	390858	110	11	55	9	93	155	17	106	6.32	2.84
9	黔南	289	3.95	2.67	0.41	538050	172	9	36	1	71	219	54	16	4.29	2.17
全省		2262	61.60	38.46	11.73	4890076	1065	117	340	22	718	1510	195	557	48.30	21.03

注　水库功能定位中的其他类是指水库兼有灌溉、供水、发电、防洪等功能中的两种或两种以上的功能。工程总投资中 20 世纪投工、投劳建设的水库未计投资。

表 3-2　　贵州省已建成投入运行存量水库工程建设情况统计表

序号	市（自治州）	水库数量/座	库容/亿 m^3			工程总投资/万元	功能定位/座					单位性质/个			设计供水量/亿 m^3	实际供水量/亿 m^3
			总库容	兴利库容	死库容		灌溉	城乡供水	灌溉/城乡供水	发电	其他	事业	企业	其他		
1	贵阳	184	12.96	8.07	1.96	24428	114	5	36	1	28	76	8	100	6.56	3.96
2	六盘水	59	12.33	5.39	6.05	842422	18	12	9	7	13	29	11	19	6.71	0.79
3	遵义	518	6.98	4.78	0.58	450949	275	37	127	1	78	332	30	156	7.26	5.12
4	安顺	139	3.39	2.02	0.32	72904	18	2	6	0	113	132	0	7	2.48	1.21
5	毕节	171	2.58	1.76	0.23	155811	51	8	2	1	109	110	4	57	2.93	1.50
6	铜仁	374	2.83	1.97	0.36	187573	228	5	21	1	119	315	2	57	1.88	1.13
7	黔西南	120	2.47	1.62	0.46	350363	68	6	25	0	21	84	23	13	1.70	1.40
8	黔东南	264	4.33	3.01	0.47	96469	110	6	52	9	87	151	10	103	4.95	2.76
9	黔南州	272	3.43	2.35	0.36	319849	171	9	28	1	63	211	46	15	3.80	2.08
全省		2101	51.30	30.97	10.78	2500768	1053	90	306	21	631	1440	134	527	38.27	19.95

注　水库功能定位中的其他类是指水库兼有灌溉、供水、发电、防洪等功能中的两种或两种以上的功能。工程总投资中20世纪投工、投劳建设的水库未计投资。

表3-3　贵州省已建成投入运行增量水库工程建设情况统计表

序号	市（自治州）	水库数量/座	库容/亿 m^3			工程总投资/万元	功能定位/座					单位性质/个			设计供水量/亿 m^3	实际供水量/亿 m^3
			总库容	兴利库容	死库容		灌溉	城乡供水	灌溉/城乡供水	发电	其他	事业	企业	其他		
1	贵阳	7	0.50	0.42	0.03	120545	1	0	5	0	1	0	5	2	0.62	0.03
2	六盘水	20	1.42	1.16	0.12	100642	4	10	1	0	5	9	8	3	1.37	0.12
3	遵义	29	1.95	1.29	0.10	558940	2	8	15	0	4	13	11	5	2.21	0.37
4	安顺	24	0.46	0.28	0.07	114715	0	0	0	1	23	5	3	16	0.58	0.10
5	毕节	10	0.26	0.17	0.04	81197	4	0	0	0	6	9	1	0	0.16	0.04
6	铜仁	24	2.08	1.49	0.21	520969	0	1	0	0	23	17	7	0	1.60	0.11
7	黔西南	16	1.88	1.45	0.19	379710	0	3	2	0	11	5	11	0	1.63	0.15
8	黔东南	14	1.22	0.90	0.14	294389	0	5	3	0	6	4	7	3	1.37	0.08
9	黔南	17	0.52	0.31	0.05	218201	1	0	8	0	8	8	8	1	0.49	0.08
全省		161	10.30	7.49	0.95	2389308	12	27	34	1	87	70	61	30	10.03	1.08

注　水库功能定位中的其他类是指水库兼有灌溉、供水、发电、防洪等功能中的两种或两种以上的功能。

州省水利工程建设有了全新的投融资平台，信贷融资成为水利工程建设融资的重要组成部分。根据统计资料，水库工程总投资额 1631.40 亿元，其中中央投资 414.94 亿元，省级投资 787.58 亿元，市县级投资 346.91 亿元，项目贷款 81.97 亿元。已拨付的省级投资 549.55 亿元，其中财政投入资金 121.79 亿元，融资投入 427.76 亿元，融资投入占比已接近 80%。目前，水投集团投资建设的工程资金缺口量达到了 585.98 亿，急需通过水价改革，盘活存量资产，提高水投集团现金流和财务平衡水平，为“十四五”规划和 2035 年远期目标水利工程建设提供强有力的投融资保障。

3.2 水利工程运行管理

贵州省水利工程为全省经济社会发展提供了强有力的支撑，保障了防洪安全、供水安全，提供了水电清洁能源。水利工程运行管理情况如下：

1. 管理主体以事业单位为主

水利工程管理体制改革发挥了政府和市场的双重作用。但长期运行下来，由于经济发展进入新常态，地方财政对水利工程的公益性功能补贴存在不足；为了保障水利工程安全运行，水价改革等问题亟待推进。

目前贵州省水库工程运行管理单位性质主要有事业、企业、其他（主要指由当地乡镇政府和村委会代管）三种类型。全省 2262 座已建成投运的水库中，1510 座运行管理单位性质为事业，占比 66.76%；195 座为企业，占比 8.62%；557 座为其他，占比 24.62%。2011 年之前开工建设并建成投入运行的 2101 座水库运行管理单位中事业、企业、其他分别为 1440 座、134 座、527 座，占比分别为 68.54%、6.38%、25.08%；2011 年（含）之后开工建设并建成投入运行的 161 座水库运行管理单位中事业、企业、其他分别为 70 座、61 座、30 座，占比分别为 43.48%、37.89%、18.63%，见表 3-4～表 3-6。

表 3-4　贵州省已建成投运水库运行管理单位情况统计表

序号	市（自治州）	水库数量/座	管理单位/个			单位占比/%		
			事业	企业	其他	事业	企业	其他
1	贵阳	191	76	13	102	39.79	6.81	53.40
2	六盘水	79	38	19	22	48.10	24.05	27.85

续表

序号	市（自治州）	水库数量/座	管理单位/个			单位占比/%		
			事业	企业	其他	事业	企业	其他
3	遵义	547	345	41	161	63.07	7.50	29.43
4	安顺	163	137	3	23	84.05	1.84	14.11
5	毕节	181	119	5	57	65.75	2.76	31.49
6	铜仁	398	332	9	57	83.42	2.26	14.32
7	黔西南	136	89	34	13	65.44	25.00	9.56
8	黔东南	278	155	17	106	55.76	6.12	38.13
9	黔南	289	219	54	16	75.78	18.69	5.54
全省		2262	1510	195	557	66.76	8.62	24.62

表 3-5 贵州省建成投运水库运行管理单位情况统计表（2011 年之前开工）

序号	市（自治州）	水库数量/座	管理单位/个			单位占比/%		
			事业	企业	其他	事业	企业	其他
1	贵阳	184	76	8	100	41.30	4.35	54.35
2	六盘水	59	29	11	19	49.15	18.64	32.20
3	遵义	518	332	30	156	64.09	5.79	30.12
4	安顺	139	132	0	7	94.96	0.00	5.04
5	毕节	171	110	4	57	64.33	2.34	33.33
6	铜仁	374	315	2	57	84.22	0.53	15.24
7	黔西南	120	84	23	13	70.00	19.17	10.83
8	黔东南	264	151	10	103	57.20	3.79	39.02
9	黔南	272	211	46	15	77.57	16.91	5.51
全省		2101	1440	134	527	68.54	6.38	25.08

表 3-6 贵州省建成投运水库运行管理单位情况统计表［2011 年（含）之后开工］

序号	市（自治州）	水库数量/座	管理单位/个			单位占比/%		
			事业	企业	其他	事业	企业	其他
1	贵阳	7	0	5	2	0	71.43	28.57
2	六盘水	20	9	8	3	45	40.00	15.00
3	遵义	29	13	11	5	45	37.93	17.24
4	安顺	24	5	3	16	21	12.05	66.67
5	毕节	10	9	1	0	90	10.00	0.00
6	铜仁	24	17	7	0	71	29.17	0.00
7	黔西南	16	5	11	0	31	68.75	0.00

续表

序号	市（自治州）	水库数量/座	管理单位/个			单位占比/%		
			事业	企业	其他	事业	企业	其他
8	黔东南	14	4	7	3	29	50.00	21.43
9	黔南	17	8	8	1	47.06	47.06	5.88
全省		161	70	61	30	43.48	37.89	18.63

全省东中部地区事业及其他性质单位管理的水库数量最多；西北部地区事业及其他性质单位管理的水库比例最大。

2. 管理力量有待加强

水利工程管理人员年龄老化，专业水平参差不齐。特别是由乡镇或村委会代为管理的部分小型水库，管理队伍整体素质有待提高，业务知识、管理手段需更加规范化、科学化。

3. 监测计量设施需进一步完善

监测计量设施建设投入资金不足，维修养护不到位，未能满足水资源管理和水价改革的需求。

3.3 问题分析

1. 管理主体

水费收取权限、发票开具、管理效率等方面需进一步改善提升。

2. 管理制度

（1）根据国家有关规定，水利工程水费作为经营性收费管理收取主体要合法合规并应开具水利工程水费发票。

（2）为有利于水利工程的高效安全运行，需在管理效率、成本约束水平、水费收取水平和提高水费收取率等方面进行改进和探索。

3. 运行维护方面问题

工程维修养护资金不足，水库良性运行和工程安全未得到有效保障。贵州省水库工程年需要维修养护资金 5.25 亿元，但近年来，资金保障率不到 20%。2019 年，贵州省有 1068 座水库未按期进行大坝安全鉴定，水库管理存在安全隐患。

第4章　水利工程供水成本分析

4.1　成本分析方法

水利工程供水成本分为会计成本和定价成本。

（1）会计成本是供水单位按照会计准则，记录的实际发生的成本。水利工程供水定价成本分析方法，主要由《水利工程供水定价成本监审办法（试行）》《政府制定价格成本监审办法》等文件进行规范。

（2）定价成本是在会计成本的基础上，按照权责发生制原则、合法性原则、相关性原则和分类核算原则核算，可纳入水价的成本。

4.1.1　定价成本构成

按照《水利工程供水定价成本监审办法（试行）》的规定，水利工程供水定价成本由合理的供水生产成本和期间费用构成。

1. 供水生产成本

供水生产成本是指水利工程生产过程中发生的合理支出，包括直接工资、直接材料、其他直接支出和制造费用。

（1）直接工资是指直接从事水利工程运行维护人员的工资、奖金、津贴和补贴。人员数量应符合国家规定的定员标准，实际人员数量超过定员标准上限的，按定员标准上限核定；实际人员数量小于定员标准下限的，按定员标准的下限核定。人均工资原则上据实核定，但最高不得超过当年统计部门公布的当地独立核算工业企业（国有经济）平均工资水平的1.2倍；实际工资低于劳动工资管理部门批准的工资标准的，按照批准的工资标准确定。人员工资总额按照核定的人员数量和人均工资核定。

（2）直接材料是指水利供水工程运行维护过程中实际消耗的原材料、原水、辅助材料、备品备件、燃料、动力以及其他直接材料的费用支出。

(3) 其他直接支出是指水利工程运行维护过程中发生的除直接工资、直接材料以外的与供水生产直接相关的支出。包括直接从事供水生产人员的职工福利费、水文水工观测费、临时设施费等。其中职工福利费、工会经费、职工教育经费，分别按照职工工资总额的14%、2%和1.5%核定。养老保险、失业保险、医疗保险、生育保险、工伤保险等社会保障费用按照当地规定的比例和水平核定。

(4) 制造费用指水利工程供水生产过程中发生的各项间接费用，包括固定资产折旧、修理费、水资源费（税）、水质检测费和其他制造费用等。

1) 固定资产折旧是指按规定折旧方法计提的供水固定资产的折旧金额。供水固定资产指与供水直接相关的、使用年限在一年以上的资产，包括水工建筑物、房屋及其他建筑物、设备及传导设施、工具及仪器、防护林及经济林木及其他固定资产六类。固定资产折旧按照各类固定资产原值和财务制度规定的固定资产分类折旧年限分类核算。1994年3月31日以后群众投工投料形成的固定资产，其折旧不计入农业供水定价成本。固定资产提足折旧后，不论能否继续使用，均不再提取折旧；提前报废的固定资产，也不再补提折旧。

2) 修理费是指为维持水利工程正常运行需要发生的大修理费和日常维护费用。其中大修理费原则上按照审核后固定资产原值的1.4%核定，也可根据水利工程状况在审核后固定资产原值1%～1.6%的范围内合理确定。日常维护费用据实核定。

3) 水资源费（税）是指按国家规定收取的水资源费（税）。

4) 水质检测费是指为保证供水质量对水质进行检测分析所发生的费用。

5) 其他制造费用是指水利工程运行维护过程中发生的除上述费用之外的其他间接费用。

2. 期间费用

期间费用是指供水经营者为组织和管理供水生产经营活动而发生的合理的营业费用、管理费用和财务费用。

(1) 营业费用是指供水经营者在供水销售过程中发生的各项费用。包括应由供水经营者负担的运输费、资料费、包装费、保险费、委托代销手续费、展览费、广告费、租赁费（不包括融资租赁费）、销售服务费、代收手续费以及水费计收部门人员工资、职工福利费、差旅费、办公费、折旧费、修理费、物料消耗、低值易耗品摊销等及其他费用。

(2) 管理费用是指供水经营者管理部门为组织和管理供水生产经营所发生的各项费用。包括管理人员工资、职工福利费、差旅费、办公费、业务招待费、折旧费、修理费、社会保障费(包括养老保险、失业保险、医疗保险、工伤保险、生育保险等)、物料消耗、低值易耗品摊销及其他管理费用。其中业务招待费按照年经营服务收入总额的一定比例核定。年经营服务收入总额在 1500 万元(不含)以下的,按最高不超过收入总额的 0.5%核定;年经营服务收入总额在 1500 万元(含)以上 5000 万元以下(不含)的,按最高不超过收入总额的 0.3%核定;年经营服务收入总额在 5000 万元以上(含)但不足 1 亿元的,按最高不超过收入总额的 2‰核定,超过 1 亿元(含)的按最高不超过收入总额的 0.1%核定。

营业费用和管理费用两项合计不得超过审核后供水生产成本的 30%。

(3) 财务费用是指供水经营者为筹集资金而发生的费用。包括供水经营者在生产经营期间发生的利息支出(减利息收入)、汇兑净损失、金融机构手续费以及筹资发生的其他财务费用。

4.1.2 成本监审要求

《政府制定价格成本监审办法》对部分成本监审提出了更加详细和严格的要求。

1. 物耗指标

原材料、燃料和动力的单位产品消耗数量、损耗率等主要技术指标,应当按照有关消耗定额或者损耗率的国家标准或者行业标准核定,没有国家标准或者行业标准的,参照可比经营者平均水平核定。同行业内各经营者之间技术指标不可比的,应当考虑经营者实际情况和区域差异等因素,并参照经营者历史水平合理核定。原材料、燃料等购进价格明显高于同期同类产品市场平均价格的,原则上应当按照同期同类产品市场平均价格确定其进货成本。

2. 职工工资

职工工资总额按照职工平均工资与职工人数核定。其中,职工平均工资原则上据实核定,但不得超过统计部门公布的当地该行业职工平均工资水平;职工人数按照实际在岗职工人数核定，政府有关部门或者行业有明确规定的，不得超过其规定人数。由政府有关部门进行工资管理的，职工工资总额上限为按照其工资管理规定核定的数值。因解除与职工的劳动关系给予的补偿，按照一定年限分摊计入定价成本。

3. 固定资产折旧

固定资产、无形资产等各类资产的原值，参照合理规模，遵循历史成本原则核定。按照规定进行过清产核资的，根据有关部门认定的固定资产价值核定。未投入实际使用的、不能提供价值有效证明的、由政府补助或者社会无偿投入的资产，以及评估增值的部分不得计提折旧或者摊销费用。

对水利工程供水成本核算影响最大的是关于职工工资和固定资产折旧的条款。该办法生效后，政府补助的或者社会无偿投入的资产无法计提折旧，工人工资严格按照“定岗定编”的要求核算，但统计部门并不公布的当地行业职工平均工资水平，执行哪个标准存在争议。

4.2 现状成本分析

本书根据相关成本监审办法要求，经过合理性分析，选择数据比较完整、合理性较高的614座水库，按照全成本（固定资产计提折旧）和运行成本（固定资产不计提折旧）进行计算。

4.2.1 成本水平

贵州省水利工程供水成本见表4-1。

表4-1　　贵州省水利工程供水成本表

序号	市（自治州）	上报水库数量/座	采用水库数量/座	全成本/（元/m^3）	运行成本/（元/m^3）
1	贵阳	191	39	0.42	0.39
2	六盘水	79	15	0.72	0.33
3	遵义	547	50	0.75	0.25
4	安顺	163	112	1.19	0.56
5	毕节	181	142	0.53	0.42
6	铜仁	398	22	0.36	0.25

续表

序号	市（自治州）	上报水库数量/座	采用水库数量/座	全成本/(元/m^3)	运行成本/(元/m^3)
7	黔西南	136	11	2.22	0.86
8	黔东南	278	55	1.06	0.59
9	黔南	289	168	1.01	0.60
全省		2262	614	0.86	0.59

全省供水全成本为 0.86 元/m^3，其中黔西南和安顺较高，铜仁和贵阳较低。

全省水库工程供水不计提折旧的运行成本为 0.59 元/m^3，远超过贵州省农业供水价格 0.15 元/m^3，与全省非农业供水水价 0.58 元/m^3 基本持平，供水价格和成本倒挂现象比较严重。

4.2.2 成本构成

贵州省供水成本构成见表 4-2。

表 4-2　　贵州省供水成本构成　　单位：亿元

序号	市（自治州）	工资及福利	动力费	维修养护费	固定资产折旧	管理费	财务费用	其他费用
1	贵阳	30.80	1.26	12.54	13.50	6.22	32.32	3.35
2	六盘水	30.17	5.52	10.97	45.95	6.58	0.00	0.81
3	遵义	53.76	4.13	13.36	21.08	5.14	0.66	1.88
4	安顺	54.94	0.73	8.46	29.31	3.10	2.01	1.44
5	毕节	45.00	0.97	14.49	38.15	1.06	0.02	0.32
6	铜仁	25.09	4.14	4.83	35.83	3.17	23.90	3.03
7	黔西南	32.59	5.41	11.36	34.22	7.73	0.84	7.84
8	黔东南	29.72	7.82	10.85	27.56	11.71	1.21	11.13
9	黔南	29.78	3.06	8.32	39.88	3.54	12.81	2.60
全省		36.87	3.67	10.58	31.72	5.36	8.20	3.60

按照工资及福利、动力费、维修养护费、固定资产折旧、管理费、财务费用和其他费用七类统计，供水成本构成中占比最大的是工资及福利，其次是固定资产折旧。维修养护费保障难度较大，目前全省平均值仅占供水成本的 10.58%，属于偏低的水平。

4.3 问题与成因

贵州省水利工程供水价格偏低主要存在的问题与成因如下：

(1) 政府补助不能计提折旧。根据《政府制定价格成本监审办法》，由政府补助或者社会无偿投入的资产，以及评估增值的部分不得计提折旧或者摊销费用。2011 年之前贵州省水利工程建设存量工程，主要为政府投资，不计提该部分折旧，对水价影响很大。

(2) 职工工资总额按照职工平均工资与职工人数核定。其中，职工平均工资原则上据实核定，但不得超过统计部门公布的当地该行业职工平均工资水平；职工人数按照实际在岗职工人数核定，政府有关部门或者行业有明确规定的，不得超过其规定人数。贵州省由于处于西部山区，供水点多面广，需要更多的管理人员，而核定职工人数远少于实际在岗职工人数。根据国家行业分类标准，城镇供水行业属于第二产业中的“电力、热力、燃气及水生产供应业”；水利工程供水属于第三产业中的“水利、环境及公共设施管理业”。两个行业统计工资差异非常大，各省“电力、热力、燃气及水生产供应业”行业工资是“水利、环境及公共设施管理业”平均工资的 1.6～2 倍。水利工程供水行业平均工资较低，运行管理从业人员年龄老化。

4.4 本章小结

本章计算了贵州省计提折旧的全成本水价和不计提折旧的运行成本水价，导致供水价格和成本倒挂现象的主要原因如下：

(1) 政府投资不能计提折旧，特别是 2011 年之前建设的水利水电存量工程，主要为政府投资，不计提该部分折旧，对水价影响很大。

(2) 职工工资总额按照职工平均工资与职工人数核定。但贵州省水利工程供水行业规定职工人数远少于实际在岗职工人数，平均工资较低，运行管理从业人员年龄老化，供水价格偏低。

第5章　贵州省水利工程供水价格分析

5.1　定价机制与流程

现行水利工程供水价格的主要依据为《水利工程供水价格管理办法》《水利工程供水定价成本监审办法（试行）》《政府制定价格成本监审办法》等。

水利工程供水价格执行“一库一价”，水利工程供水价格调整流程图如图5-1所示。

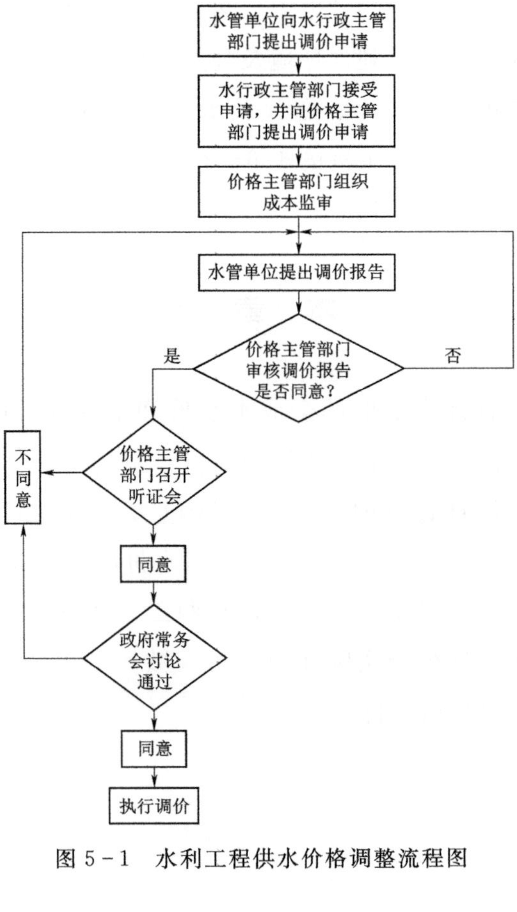

图5-1　水利工程供水价格调整流程图

5.2 现 状 分 析

5.2.1 水利工程供水定价率

根据项目统计的2262座水库工程水价数据，统计各市州水库定价数量与定价率，见表5-1。

表5-1 贵州省水库定价数量与定价率统计表

序号	市（自治州）	全部水库			存量水库			增量水库		
		水库数量/座	已定价水库数量/座	定价率/%	水库数量/座	已定价水库数量/座	定价率/%	水库数量/座	已定价水库数量/座	定价率/%
1	贵阳	191	53	27.75	184	49	26.63	7	4	57.14
2	六盘水	79	23	29.11	59	14	23.73	20	9	45.00
3	遵义	547	260	47.53	518	247	47.69	29	13	46.43
4	安顺	163	107	65.64	139	106	76.26	24	1	4.17
5	毕节	181	13	7.18	171	12	6.98	10	1	33.33
6	铜仁	398	237	59.55	374	234	61.74	24	3	13.95
7	黔西南	136	34	25.00	120	26	21.37	16	8	52.94
8	黔东南	278	114	41.01	264	114	42.07	14	0	0.00
9	黔南	289	132	45.67	272	125	43.07	17	7	41.18
全省		2262	973	43.02	2101	927	44.12	161	46	28.57

贵州省水库定价率为43.02%。从空间分布上看，安顺市、铜仁市定价率最高，超过了50%；毕节市定价率最低仅为7.18%。

全省存量水库定价率为44.12%，与总定价比例大致相当，安顺市、铜仁市定价率最高，超过了50%；毕节市定价率仅为6.98%。

全省增量水库定价率为28.57%，略低于总体水平。贵阳市、黔西南州定价率均超过了50%，安顺市定价率仅为4.17%。

对于未定价水库工程主要存在五个方面原因。

（1）群众水商品意识薄弱以及水利工程修建的投劳折资等历史遗留问题，认为水资源应无偿使用，存在“不该收费”的思想误区。

（2）个别地方政府基于保障民生、吸引投资等原因，对定价存有顾虑。

（3）部分事业性质的供水单位，不愿定价、收费。

（4）部分水库工程配套资金不到位，项目配套设施不完善，致使部分工程未发挥既定效益，难以定价。

（5）缺乏专业技术人才，监测计量基础设施不完善，收费手段落后，现代化、信息化程度不够。

5.2.2 水利工程供水水价现状情况

贵州省水利工程供水水价现状情况见表 5-2。

表 5-2 贵州省水利工程供水水价现状情况 单位：元/m^3

市（自治州）	农业水价平均值	非农业水价平均值
贵阳	0.06	0.36
六盘水	0.30	2.00
遵义	0.08	0.71
安顺	0.08	0.72
毕节	0.13	0.33
铜仁	0.20	1.09
黔西南	0.29	1.01
黔东南	0.09	0.77
黔南	0.09	0.21
全省	0.15	0.58

贵州省农业水价平均值为 0.15 元/m^3，比全国的平均值 0.137 元/m^3 稍高。其中，六盘水市和黔西南州较高；贵阳市较低，为 0.06 元/m^3。非农业水价平均值为 0.58 元/m^3，比全国的平均值 0.70 元/m^3 偏低。其中，六盘水市、铜仁市、黔西南州较高，贵阳市、毕节市、黔南州较低。

5.2.3 收费率和水费征收率

1. 收费率

总体上，贵州省水利工程供水收费率仅有 11.36%，远低于全国平均收费率 32%。增量水库收费率为 21.74%，存量水库收费率为 10.57%。贵州省水利工程供水收费率统计表见表 5-3。

从空间分布上分析，全省总体收费率中南部地区高，东南和西南部地区低。存量水库中部和西南地区高，东部地区和西北地区收费率低；增量水库北部地区收费率最高，东部地区收费率最低。

表 5-3 贵州省水利工程供水收费率统计表

序号	市（自治州）	水库数量/座			收费水库数量/座			收费率/%		
		合计	存量水库	增量水库	合计	存量水库	增量水库	所有水库	存量水库	增量水库
1	贵阳	191	184	7	20	16	4	10.47	8.70	57.14
2	六盘水	79	59	20	22	13	9	27.85	22.03	45.00
3	遵义	547	518	29	87	77	10	15.90	14.86	34.48
4	安顺	163	139	24	11	10	1	6.75	7.19	4.17
5	毕节	181	171	10	9	9	0	4.97	5.26	0.00
6	铜仁	398	374	24	13	11	2	3.27	2.94	8.33
7	黔西南	136	120	16	18	12	6	13.24	10.00	37.50
8	黔东南	278	264	14	19	19	0	6.83	7.20	0.00
9	黔南	289	272	17	58	55	3	20.07	20.22	17.65
全省		2262	2101	161	257	222	35	11.36	10.57	21.74

2. 水费征收率

贵州省水库工程水费征收率总体为51.11%，其中存量工程水费征收率为56.11%，与增量水库的54.98%相当。贵州省水利工程供水水费征收情况统计表见表5-4。

表 5-4 贵州省水利工程供水水费征收情况统计表

序号	市（自治州）	水库			存量水库			增量水库		
		应收水费/万元	实收水费/万元	水费征收率/%	应收水费/万元	实收水费/万元	水费征收率/%	应收水费/万元	实收水费/万元	水费征收率/%
1	贵阳	8340	3871	46.42	6023	3396	56.39	2122	271	12.79
2	六盘水	40364	25853	69.67	34455	23998	69.65	834	627	70.64
3	遵义	36059	27331	75.80	28780	20590	71.54	7278	6741	92.62
4	安顺	4777	1128	23.61	4717	1119	23.72	60	9	15.00
5	毕节	7893	4542	57.55	7580	4542	59.92	313	0	0.00
6	铜仁	15553	294	1.86	13473	254	1.89	1216	42	3.46
7	黔西南	13758	477	3.47	2900	290	10.01	2615	313	11.97
8	黔东南	6796	5423	79.80	6796	5423	79.80	0	0	0.00
9	黔南	4973	1873	37.66	4729	1807	38.18	244	68	27.71
全省		138513	70792	51.11	109453	61419	56.11	14681	8072	54.98

从空间分布上，遵义市、黔东南州等地区水费征收率较高在 70%以上，铜仁市、安顺市、黔西南州水费征收率较低不到 30%，其中铜仁市仅有 1.86%。

存量工程水费征收率，黔东南州、遵义市、六盘水市较高，铜仁市、安顺市、黔西南州水费征收率较低。

增量水库水费征收率，遵义市、六盘水市较高，在 70%以上。

5.2.4 农业灌溉与城镇供水终端水价

贵州省农业灌溉与城镇供水终端水价，见表 5-5。

表 5-5 贵州省农业灌溉与城镇供水终端水价 单位：元/m^3

市（自治州）	农业灌溉	城镇供水	
		居民	非居民
贵阳	0.2	1.82	4.04
六盘水	0.6	2.7	4.1
遵义	0.26	2.8	4.05
安顺	0.08	2.75	4.13
毕节	0.55	2.3	3.7
铜仁	0.3	2.7	4.05
黔西南	0.16	1.8	3
黔东南	0.16	2.15	3
黔南	0.3	2.3	4.8

全省农业灌溉终端水价为 0.08～0.6 元/m^3，最高为六盘水市的 0.6 元/m^3，最低为安顺市的 0.08 元/m^3。城镇居民水价为 1.8～2.8 元/m^3，其中黔西南州、贵阳市较低，遵义市、安顺市和六盘水市较高；城镇非居民水价为 3～4.8 元/m^3，其中黔东南州、黔西南州和毕节市不到 4 元/m^3，黔南州最高为 4.8 元/m^3。

5.2.5 农业生产水费支出

2004—2018 年全国稻谷、小麦和玉米三种粮食作物亩均产值、亩均投入物质和服务费用、种子费、化肥费、农药费和水费，以及种子费、化肥费、农药费和水费占物质和服务费用的比例见表 5-6。2004—2018 年全国三种粮食作物亩均投入增长及各项占比如图 5-2 所示。

表 5-6　2004—2018 年全国三种粮食作物亩均均产值与投入情况统计表

年份	亩均产值/元	亩均投入物质和服务费用/元	费用投入/元				占比/%			
			种子	化肥	农药	水费	种子	化肥	农药	水费
2004	591.95	200.12	21.06	71.44	11.55	6.05	10.52	35.70	5.77	3.02
2005	547.6	211.63	24.9	84.31	14.38	6.57	11.77	39.84	6.79	3.10
2006	599.86	224.75	26.29	86.81	16.15	6.86	11.70	38.63	7.19	3.05
2007	666.24	239.87	27.57	90.8	18.17	7.04	11.49	37.85	7.57	2.93
2008	748.81	287.78	30.58	118.49	20.61	6.08	10.63	41.17	7.16	2.11
2009	792.76	297.4	33.58	117.55	20.66	6.69	11.29	39.53	6.95	2.25
2010	899.84	312.49	39.74	110.94	22.39	6.69	12.72	35.50	7.17	2.14
2011	1041.92	358.36	46.45	128.27	23.39	8.49	12.96	35.79	6.53	2.37
2012	1104.82	398.28	52.05	143.4	26.21	6.78	13.07	36.00	6.58	1.70
2013	1099.13	415.12	55.37	143.31	26.97	7.42	13.34	34.52	6.50	1.79
2014	1193.35	417.88	57.82	132.42	27.56	7.28	13.84	31.69	6.60	1.74
2015	1109.59	425.07	59.43	132.03	29.15	7.24	13.98	31.06	6.86	1.70
2016	1013.34	429.57	60.73	128.93	29.48	7.63	14.14	30.01	6.86	1.78
2017	1069.06	437.18	62.43	130.9	30.68	7.39	14.28	29.94	7.02	1.69
2018	1008.18	449.55	63.28	139.02	31.37	7.34	14.08	30.92	6.98	1.63

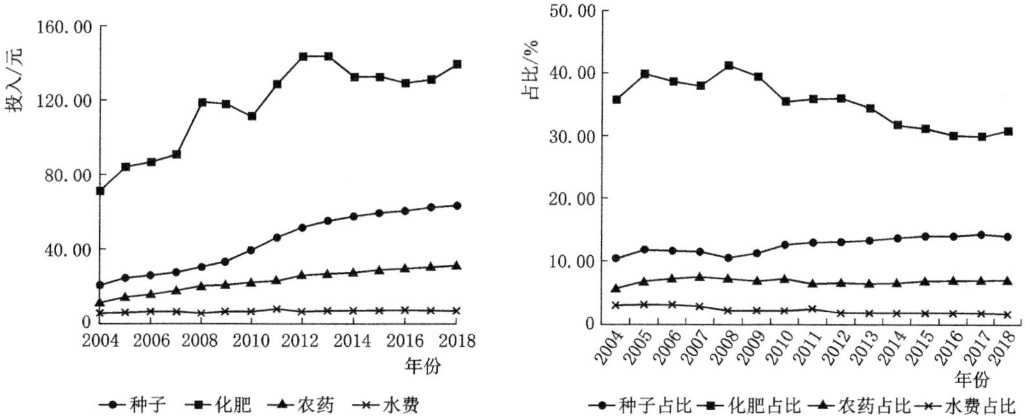

(a) 各项投入　　(b) 各项占比趋势

图 5-2　2004—2018 年全国三种粮食作物亩均投入增长及各项占比

2004—2018 年，全国亩均物质和服务费用投入增长了约 120%，种子费用投入增长了约 200%，化肥费用投入增长了约 100%，农药费用投入增长了约

200%，水费投入增长仅约 20%。从亩均投入物质和服务费用比例来看，种子费用投入占比从 10.52%左右增长到 14.08%；化肥费用投入占比从 35.7%下降到 30.92%，农药费用投入占比从 5.77%增长到 6.98%，水费费用投入占比从 3.02%下降到 1.63%。

2014—2018 年，全国露地西红柿、玉米亩均物质和服务费用中，各项占比由高至低分别为化肥费、种子费、农药费及水费。其中，露地西红柿水费占比为 0.31%～0.43%；玉米水费占比在此期间保持在 1.35%～1.66%；水费所占比例较其他分项支出较低，见表 5-7～表 5-10 和图 5-3。

表 5-7 2014—2018 年全国露地西红柿亩均投入物质和服务费用及各项支出 单位：元

年份	物质和服务费用	种子费	化肥费	农药费	水费
2014	1467.11	154.14	321.55	184.78	21.99
2015	1844.77	263.85	515.33	235.61	10.63
2016	1437.12	232.27	266.75	184.59	13.49
2017	1371.28	218.23	268.89	135.98	15.39
2018	1234.93	204.07	285.55	138.74	11.86

表 5-8 2014—2018 年全国露地西红柿种子费、化肥费、农药费及水费占比

年份	种子费	化肥费	农药费	水费
2014	3.77%	8.89%	1.02%	0.36%
2015	3.08%	7.11%	0.90%	0.31%
2016	3.94%	8.77%	1.13%	0.43%
2017	4.04%	9.41%	1.22%	0.39%
2018	4.51%	11.14%	1.39%	0.42%

表 5-9 2014—2018 年全国玉米亩均物质与服务费及各项支出 单位：元

年份	物质和服务费用	种子费	化肥费	农药费	水费
2014	364.80	55.24	130.49	15.02	5.25
2015	376.22	56.82	131.17	16.61	5.68
2016	369.55	56.56	126.05	16.22	6.14
2017	374.98	55.44	129.01	16.69	5.32
2018	383.76	55.72	137.53	17.12	5.18

表 5-10　　2014—2018 年全国玉米种子费、化肥费、农药费及水费占比

年份	种子费	化肥费	农药费	水费
2014	15.14%	35.77%	4.12%	1.44%
2015	15.10%	34.87%	4.41%	1.51%
2016	15.31%	34.11%	4.39%	1.66%
2017	14.78%	34.40%	4.45%	1.42%
2018	14.52%	35.84%	4.46%	1.35%

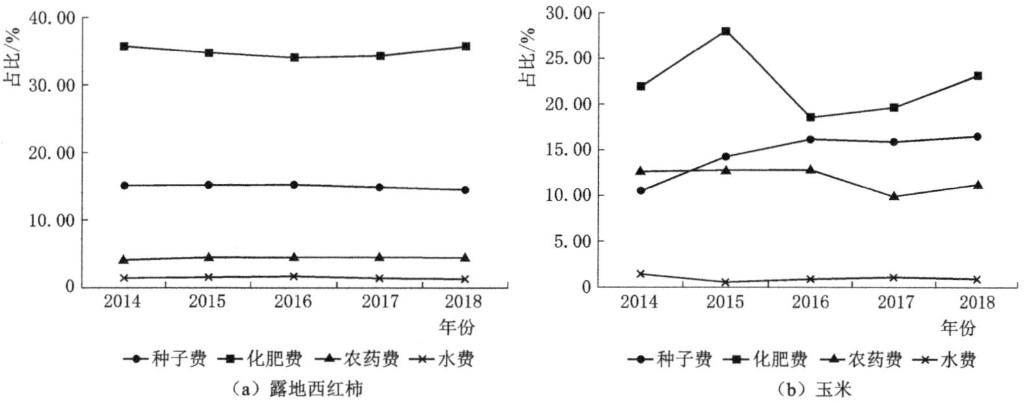

图 5-3　2014—2018 年全国露地西红柿、玉米亩均种子费、化肥费、农药费及水费占比

本书选择贵州省典型作物中籼稻、玉米及露地西红柿进行农业生产水费占比分析。2018 年贵州省中籼稻生产成本（仅包括物质和服务费用，不含人工费）为 413.39 元/亩，其中水费占比为 0.3%，远低于全国平均水平。2006—2007 年，贵州中籼稻亩均水费占比低于全国平均水平；2008—2010 年高于全国平均水平；2011—2018 年低于全国平均水平，且占比不到亩均物质和服务费用的 1%。种子费和化肥费呈现出交替上升性波动，农药费支出比例贵州省一直低于全国平均水平。2018 年贵州省主要农作物费用支出及占比见表 5-11。2006—2018 年中籼稻各项费用支出占比对比分析如图 5-4 所示。

贵州省种子、化肥、农药等农资价格由于已经市场化，其变化与全国平均水平同步或基本同步，没有趋势性的差异；但水费显著滞后，2008 年之后全国平均水费占比下降趋缓，2011 年之后贵州省水费占比呈大幅下降。

表 5-11　　2018 年贵州省主要农作物费用支出及占比

中籼稻/(元/亩)					占比/%			
成本	种子费	化肥费	农药费	水费	种子费	化肥费	农药费	水费
413.39	61.58	126.06	21.36	1.25	14.90	30.49	5.17	0.3
玉米/(元/亩)					占比/%			
成本	种子费	化肥费	农药费	水费	种子费	化肥费	农药费	水费
309.78	46.45	124.07	12.2	—	14.99	40.05	3.94	—
露地西红柿/(元/亩)					占比/%			
成本	种子费	化肥费	农药费	水费	种子费	化肥费	农药费	水费
1258.85	153.76	281.42	274.29	—	12.21	22.36	21.79	—

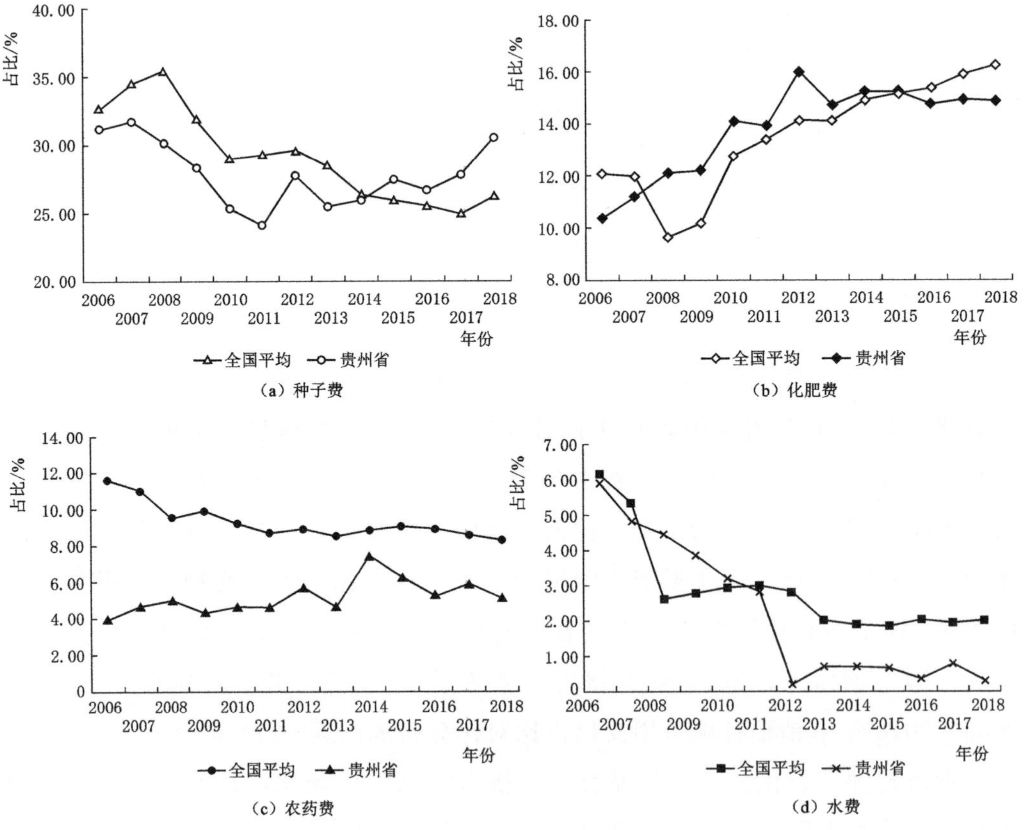

图 5-4　2006—2018 年中籼稻各项费用支出占比对比分析

5.2.6 居民生活水费支出

1. 城乡居民生活用水量

2015—2019 年贵州省城乡居民人均用水量见表 5-12。

表 5-12　　2015—2019 年贵州省城乡居民人均用水量

市（自治州）	年份	城乡居民人均用水量/[L/(人·d)]	
		城镇	农村
贵阳	2015	119.57	86.96
	2016	119.86	87.17
	2017	123.14	89.56
	2018	125.72	91.43
	2019	125.56	91.31
六盘水	2015	102.48	74.53
	2016	102.29	74.39
	2017	97.78	71.12
	2018	100.15	72.83
	2019	100.30	72.95
遵义	2015	111.91	81.39
	2016	111.11	80.81
	2017	115.95	84.33
	2018	121.66	88.48
	2019	118.57	86.23
安顺	2015	95.66	69.57
	2016	95.77	69.65
	2017	95.93	69.76
	2018	100.55	73.13
	2019	100.97	73.44
毕节	2015	91.14	66.28
	2016	91.48	66.53
	2017	95.03	69.12
	2018	95.16	69.21
	2019	95.74	69.63
铜仁	2015	102.14	74.29
	2016	97.76	71.10
	2017	111.94	81.41
	2018	113.01	82.19
	2019	112.78	82.02

续表

市（自治州）	年份	城乡居民人均用水量/[L/(人・d)]	
		城镇	农村
黔西南	2015	84.20	61.23
	2016	81.99	59.63
	2017	105.59	76.79
	2018	105.77	76.93
	2019	105.85	76.98
黔东南	2015	99.91	72.66
	2016	101.36	73.72
	2017	100.29	72.94
	2018	100.30	72.95
	2019	101.23	73.62
黔南	2015	98.37	71.54
	2016	97.12	70.64
	2017	101.84	74.06
	2018	104.89	76.28
	2019	106.03	77.12

2015—2019 年贵州省各市（自治州）城乡居民人均用水量曲线图分别如图 5-5、图 5-6 所示。

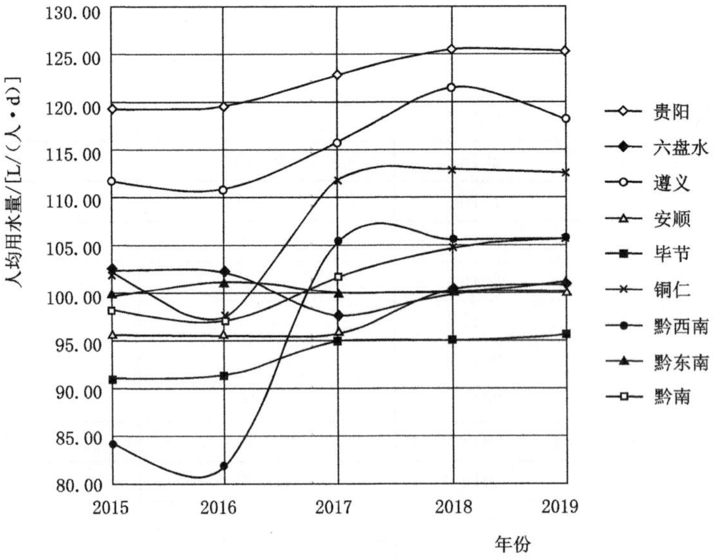

图 5-5 2015—2019 年贵州省各市（自治州）城镇居民人均用水量曲线图

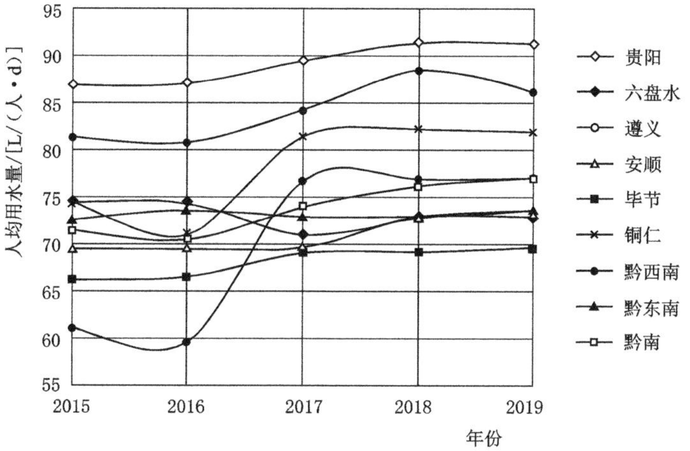

图 5-6 2015—2019 年贵州省各市（自治州）农村居民人均用水量曲线图

2015—2019 年贵州省各市（自治州）城乡居民人均用水量基本呈递增趋势，且城镇居民人均用水量明显高于农村居民人均用水量，其中城镇居民用水量为 80～130L/(人·d)，农村居民用水量为 55～95L/(人·d)。贵阳市和遵义市城乡居民用水量较大，其中贵阳市城乡居民用水量分别为 122L/(人·d) 和 89L/(人·d)；遵义市城乡居民用水量分别为 115L/(人·d) 和 84L/(人·d)。

2. 城乡居民生活水费占人均可支配收入变化

2015—2019 年贵州省城乡居民人均水费占比见表 5-13。

表 5-13　　2015—2019 年贵州省城乡居民人均水费占比

市（自治州）	年份	城乡居民人均水费占比/%	
		城镇	农村
贵阳	2015	0.45	0.75
	2016	0.42	0.69
	2017	0.27	0.44
	2018	0.25	0.41
	2019	0.23	0.37
六盘水	2015	0.45	1.01
	2016	0.41	0.92
	2017	0.24	0.55
	2018	0.23	0.51
	2019	0.21	0.46
遵义	2015	0.46	0.90
	2016	0.42	0.82

续表

市（自治州）	年份	城乡居民人均水费占比/%	
		城镇	农村
遵义	2017	0.27	0.53
	2018	0.26	0.50
	2019	0.23	0.44
安顺	2015	0.43	0.96
	2016	0.39	0.88
	2017	0.25	0.54
	2018	0.24	0.52
	2019	0.22	0.47
毕节	2015	0.40	0.98
	2016	0.37	0.89
	2017	0.24	0.57
	2018	0.22	0.52
	2019	0.20	0.47
铜仁	2015	0.46	1.10
	2016	0.41	0.95
	2017	0.29	0.67
	2018	0.27	0.62
	2019	0.24	0.56
黔西南	2015	0.37	0.89
	2016	0.33	0.78
	2017	0.27	0.62
	2018	0.24	0.57
	2019	0.22	0.51
黔东南	2015	0.44	1.08
	2016	0.41	0.99
	2017	0.25	0.61
	2018	0.23	0.55
	2019	0.22	0.50
黔南	2015	0.42	0.91
	2016	0.38	0.82
	2017	0.25	0.53
	2018	0.23	0.50
	2019	0.22	0.45

2015—2019年贵州省各市（自治州）城乡居民人均水费占比曲线图分别如图5-7、图5-8所示。

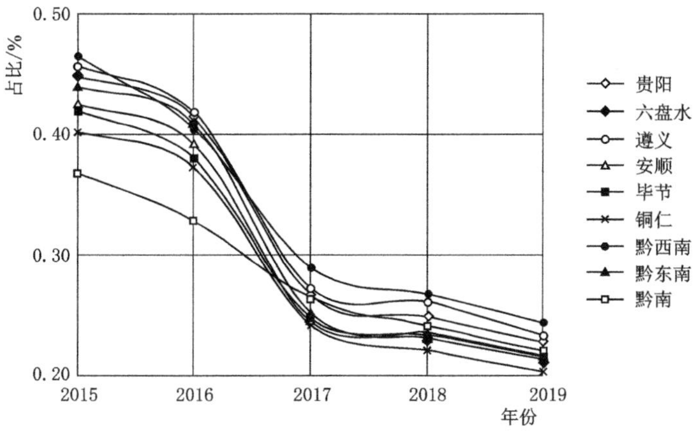

图5-7 2015—2019年贵州省各市（自治州）城镇居民人均水费占比曲线图

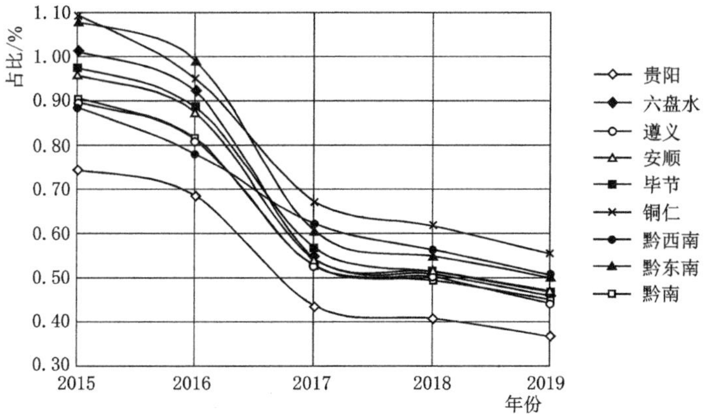

图5-8 2015—2019年贵州省各市（自治州）农村居民人均水费占比曲线图

贵州省各市（自治州）城乡居民人均水费占比呈递减趋势。随着人均用水量逐年递增，人们可支配收入显著提高，对水价的承受能力也在增强。城乡居民人均水费占可支配收入的比例：城镇为0.2%～0.5%；农村为0.4%～1.1%。农村居民人均水费占比高于城镇居民人均水费占比，城镇居民用水量更大，城镇居民人均可支配收入高于农村居民人均可支配收入，相应地对水价的承受能力更强。

3. 居民生活水费支出水平与其他生活消费占比分析

2014—2018年，贵州省人均水费支出逐年增加，由2014年的125元增至2018

年的 153 元。但随着人均消费水平的提升，水费支出比例整体上却不增反降，由 2014 年的 0.82%下降至 2018 年的 0.74%。2014—2018 年贵州省水费及其他各项支出统计表见表 5-14。2014—2018 年贵州省水费及其他各项支出占比见表 5-15。

表 5-14　2014—2018 年贵州省水费及其他各项支出统计表　　单位：元

年份	人均消费性总支出	水费	房租	电费	燃料费	交通费	通信费
2014	15255	125	141	505	171	1029	844
2015	16914	140	162	553	174	1349	899
2016	19202	153	178	574	179	1681	1003
2017	20348	151	160	582	170	1822	1007
2018	20788	153	190	591	173	1971	950

表 5-15　2014—2018 年贵州省水费及其他各项支出占比

年份	水费	房租	电费	燃料费	交通费	通信费
2014	0.82%	0.92%	3.31%	1.12%	6.75%	5.53%
2015	0.83%	0.96%	3.27%	1.03%	7.98%	5.32%
2016	0.79%	0.93%	2.99%	0.93%	8.76%	5.22%
2017	0.74%	0.79%	2.86%	0.84%	8.95%	4.95%
2018	0.74%	0.91%	2.84%	0.83%	9.48%	4.57%

相较于房租、电费、燃料费、交通费、通信费而言，水费支出一直处于最低水平，相应支出占人均消费总支出比例最低。2014—2018 年贵州省水费及其他各项支出占比变化如图 5-9 所示。

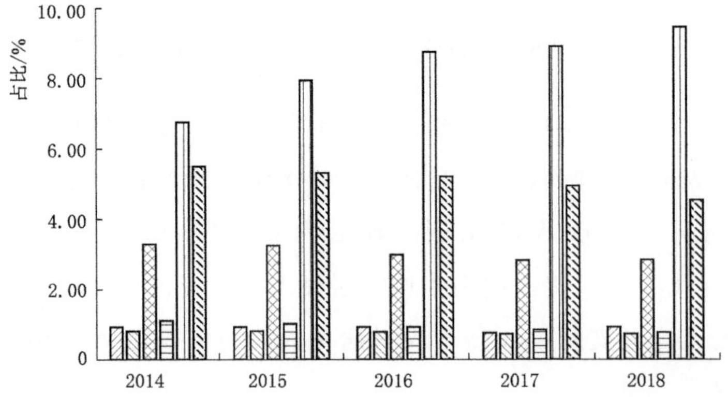

图 5-9　2014—2018 年贵州省水费及其他各项支出占比变化

5.2.7 问题与成因分析

1. “定价难”

2004年国家出台了《水利工程供水价格管理办法》，2006年出台了《水利工程供水价格成本监审办法》。随着行业的发展和变化，在水价定价时，需补充新的考虑因素和维度。

“定价难”主要原因如下：

(1) 部分群众水商品意识薄弱以及水利工程修建的投劳折资等历史遗留问题，认为水资源应无偿使用，存在“不该收费”的思想误区。

(2) 个别地方政府基于考虑保障民生、吸引投资等原因，对水价定价政策执行力度不足。

(3) 部分供水单位供水定价积极性不高。

(4) 个别水库工程配套资金不到位，配套设施不完善，未发挥既定效益。

(5) 缺乏专业技术人才，监测计量基础设施不完善，收费手段落后，现代化、信息化程度不够。

2. “定价低”

贵州省水利工程供水定价偏低，农业水价、非农业水价与供水成本、承受能力和全国平均水平相比均较低，水费在生产生活中的投入占比偏低。

“定价低”主要原因如下：

(1) 各地价格主管部门严格执行2017年修订的《政府制定价格成本监审办法》，该办法规定，由政府补助或者社会无偿投入的资产，以及评估增值的部分不得计提折旧或者摊销费用。贵州省水利工程建设，政府投资占大头，不计提该部分折旧，水价影响很大。

(2) 该版《政府制定价格成本监审办法》同时规定，职工工资总额按照职工平均工资与职工人数核定。其中，职工平均工资原则上据实核定，但不得超过统计部门公布的当地该行业职工平均工资水平；职工人数按照实际在岗职工人数核定，政府有关部门或者行业有明确规定的，不得超过其规定人数。贵州省由于处于西部山区，供水对象点多面广，需要的管理人员远比东部平原区多，按照规定核定的人数远少于实际人数。同时，行业平均工资难以准确计算，统计年鉴中有第二产业中“电力、热力、燃气及水生产供应业”以及第三产业中的"水利、环境及公共设施管理业"两个相关行业，如何确定标准不明确。

(3) 调价周期长，水价长期得不到调整，相对于人力物力价格的普遍增长，水价越来越低。

(4) 防洪成本未得到补偿，部分水库承担有防洪任务，但核算水库成本时，仅考虑了供水功能的成本回收，防洪成本未得到补偿。

3. "调价难"

贵州省 80%的水利工程约 3 年没有调整水价，部分工程超 10 年没有调整过水价。如黔西南州贞丰县纳山岗水库供给自来水公司已 17 年未调整水价。水价长期不调整，必然造成管理单位的政策性亏损，影响工程的良性运行。

水价"调不动"的主要原因如下：

(1) 未严格执行国家相关管理规定及时进行水价调整。

(2) 个别地方政府调整水价不积极。

(3) 水价调整需要经过成本监审、申请调价、水价听证会等一系列步骤，调价时程较长。

(4) 水利工程管理力量薄弱，缺乏相应的技术人才。

4. "收费难"

贵州省 2262 座中实际收取水费的只有 257 座，实际收费工程仅占建成运行工程的 11.36%，低于全国平均水平的 32%。年应收水费 13.85 亿元，实际收取水费 7.08 亿元，为应收水费的 51.11%。

"收费难"的原因如下：

(1) 贵州省地处我国西南山区，用水户特别是农业用水户分散、点多面广，收费工作复杂。

(2) 农村地区常住人口少、外出务工人员多，收费手段和收费方式未及时调整变化。

(3) 水管单位收费工作积极性不高。

第 6 章　水利工程水价改革形势分析

6.1 政策变化

从水价形成机制来看，国家鼓励“公益的归公益，市场的归市场”，在非公益供水领域，要充分发挥市场的作用；在公益性供水方面，进行适当的政府缺口性补贴。

从成本核算来看，国家发改委正在逐步推广“准许成本＋合理收益”的概念。在 2021 年 8 月发布的《城镇供水价格管理办法》中，已要求按照“准许成本＋合理收益”核算水价。准许成本不允许将政府投资和社会无偿投入计入供水成本，人员数量要定岗定编，人员工资要参考行业平均工资。合理利润不再按照净资产的利润率计算，而是按照有效资产的准许利润率计算，有效资产中，融资部分的准许利润按照融资成本计算，非融资部分的准许利润按照最近一期 5 年期国债利率上浮不超过 2%计算。水利部门必须在符合发改委价格改革思想的前提下，拓宽思路，推进水利工程水价成本核算和成本监审的规范化和透明化。

从水价的作用来看，2018 年《国家发展改革委关于创新和完善促进绿色发展价格机制的意见》提出，要建立健全补偿成本、合理盈利、激励提升供水质量、促进节约用水的价格形成和动态调整机制，保障供水工程和设施良性运行，促进节水减排和水资源可持续利用。

研究改革水价政策，完善差别化阶梯水价，既促进节约用水，又推动建立合理回报机制，吸引更多社会资本参与水利工程建设运营。《“十四五”时期深化价格机制改革行动方案》要求建立健全有利于促进水资源节约和水利工程良性运行、与投融资体制相适应的水利工程水价形成机制。积极推动供需双方在项目前期工作阶段签订框架协议、约定意向价格，推进供水工程投融资体制机制改革。

6.2 建设筹资方式变化

水利工程建设的筹资方式发生变化，水价在筹资方面的作用逐渐变大。拓宽水利工程建设资金筹措渠道如下：

（1）要落实水价标准和收费制度。推动在工程建设前要合理确定供水价格，与供水对象就水价标准、水量消纳、水费收缴以及动态调整机制达成协议，有效降低工程运营的风险，稳定市场主体的投资预期。

（2）要建立合理的回报机制。对于不能完全市场化运营的这些项目，中央和地方政府将在评估论证基础上，注入部分资本金或者给予投资补助，促进社会投资主体能够获得与它所投入的资本相匹配的合理回报。

（3）扩大股权和债权融资规模。综合运用各种权益性、债务性投融资工具，优化项目经营主体的股权结构，降低融资成本和延长还款年限，有效提高市场化融资规模。

6.3 运营管理方式变化

2002年《国务院办公厅转发国务院体改办关于水利工程管理体制改革实施意见的通知》（国办发〔2002〕45号）规定了水利工程水管单位划分为三类。

（1）第一类是指承担防洪、排涝等水利工程管理运行维护任务的水管单位，称为纯公益性水管单位，定性为事业单位。

（2）第二类是指承担既有防洪、排涝等公益性任务，又有供水、水力发电等经营性功能的水利工程管理运行维护任务的水管单位，称为准公益性水管单位。准公益性水管单位依其经营收益情况确定性质，不具备自收自支条件的，定性为事业单位；具备自收自支条件的，定性为企业。目前已转制为企业的，维持企业性质不变。

（3）第三类是指承担城市供水、水力发电等水利工程管理运行维护任务的水管单位，称为经营性水管单位，定性为企业。

可见，具有供水任务的管理单位主要为第二类和第三类。

国家不断推动水管体制改革。以南水北调工程为例，以前由国务院南水北调办公室负责行政管理，后并入水利部管理。2020 年 9 月，中国南水北调集团有限公司正式揭牌，南水北调工程转为由企业管理。

目前，贵州省水利工程主要由事业单位在运行管理，在管理中遇到一定的问题与挑战，需要不断推进水管体制改革，结合水价改革等措施，将具有供水功能的水利工程由事业单位管理为主逐步转为由企业管理为主，不断提高管理效率。

6.4 水价改革和管理典型案例

6.4.1 南水北调工程

1. 中线工程水价

2008 年 10 月，国务院第 32 次常务会议审议通过了《南水北调东中线一期工程可研总报告》，同时明确了南水北调工程实行“两部制”水价政策。

2011 年 6 月，正式启动南水北调东、中线一期工程供水价格政策制定工作。水价制定工作主要围绕供水成本构成及测算范围、成本项目参数取值、成本分摊方法、供水量、受水区的水价承受能力等方面展开。在此期间国家发改委价格司就相关问题召开了多次水价座谈和协调会，听取了多方意见，取得了一定的成果，基本确定了南水北调中线工程水价制定原则：①保障工程正常运行；②满足还贷需要；③体现工程公益性；④促进水资源节约和优化配置；⑤充分考虑受水区承受能力。

2012 年 7 月，在多次调研的基础上，国家发改委向各有关部门和单位下发了《南水北调东线、中线一期工程运行初期供水价格政策的初步安排意见》，文中明确工程供水价格按满足工程运行和偿还贷款本息的原则确定。

2014 年 8 月，召开南水北调中线工程水价工作座谈会，会议基本确定了南水北调中线工程水价按照成本水价原则核定的方案。

国家发展和改革委价格司于 2014 年 10 月再次召集相关部门和单位人员，就供水价格政策制定有关事宜进行了协商，最终商定南水北调中线工程运行初期，北京、天津按成本水价核定，河北、河南两省暂按运行还贷水价核定，过渡期 3 年。3 年后进行成本监审，实现按成本定价。

国家发展和改革委对外发布《关于南水北调中线一期主体工程运行初期供

水价格政策的通知》（发改价格〔2014〕2959 号）规定，中线工程运行初期供水价格实行成本水价，并按规定计征营业税及其附加。其中河南、河北两省暂实行运行还贷水价，以后分步到位；分区段制定中线工程各口门价格，共划分为 6 个区段，同一区段内各口门执行同一价格，干线工程河南省南阳段、河南省黄河南段（除南阳外）、河南省黄河北段、河北省、天津市、北京市各口门综合水价分别为 0.18 元/m^3、0.34 元/m^3、0.58 元/m^3、0.97 元/m^3、2.16 元/m^3、2.33 元/m^3，见表 6-1。

表 6-1　南水北调中线一期干线工程区段内各口门供水价格　单位：元/m^3

区段划分	基本水价	计量水价	综合水价
河南省南阳段	0.09	0.09	0.18
河南省黄河南段（除南阳外）	0.16	0.18	0.34
河南省黄河北段	0.28	0.30	0.58
河北省	0.47	0.50	0.97
天津市	1.04	1.12	2.16
北京市	1.12	1.21	2.33

2. 东线工程

《国家发展改革委关于南水北调东线一期主体工程运行初期供水价格政策的通知》（发改价格〔2014〕30 号）明确东线一期主体工程运行初期供水价格按照保障工程正常运行和满足还贷需要的原则确定，不计利润，并按规定计征营业税及其附加。各口门采取分区段定价的方式，将东线一期主体工程划分为 7 个区段，同一区段内各口门执行同一价格。

东线一期主体工程运行初期供水价格按照保障工程正常运行和满足还贷需要的原则确定，不计利润，并按规定计征营业税及其附加。各口门采取分区段定价的方式，将主体工程划分为 7 个区段，同一区段内各口门执行同一价格。具体价格如下：南四湖以南为 0.36 元/m^3（含税，下同）、南四湖下级湖为 0.63 元/m^3、南四湖上级湖（含上级湖）至长沟泵站前为 0.73 元/m^3、长沟泵站后至东平湖（含东平湖）为 0.89 元/m^3、东平湖至临清邱屯闸为 1.34 元/m^3、临清邱屯闸至大屯水库为 2.24 元/m^3、东平湖以东为 1.65 元/m^3，见表 6-2。

东线一期主体工程实行"两部制"水价，基本水价按照合理偿还贷款本息、适当补偿工程基本运行维护费用的原则制定，计量水价按补偿基本水价以外的其他成本费用以及计入规定税金的原则制定。

表 6-2　　南水北调东线一期干线工程区段内各口门供水价格　　单位：元/m^3

区段划分	基本水价	计量水价	综合水价
南四湖以南	0.16	0.20	0.36
南四湖下级湖	0.28	0.35	0.63
南四湖上级湖（含上级湖）至长沟泵站前	0.33	0.40	0.73
长沟泵站后至东平湖（含东平湖）	0.40	0.49	0.89
东平湖至临清邱屯闸	0.69	0.65	1.34
临清邱屯闸至大屯水库	1.09	1.15	2.24
东平湖以东	0.82	0.83	1.65

3. 成功经验

南水北调东线、中线工程供水价格政策执行情况总体较好，保障了工程运行初期的正常运转。

从总体规划阶段起国家就将“两部制”水价作为一种基本制度确定下来，化解投资和运行的风险。初期“两部制”水价中基本水价按照偿还贷款本息、适当补偿工程基本运行维护费用的原则确定，基本水价与计量水价各占50%左右。南水北调在运行初期能够平稳运行，“两部制”水价发挥了重要作用，基本水价保证了初期工程运行管理单位有了稳定的基本收入，为工程还本付息、工程正常管理维护提供了较好的保障，平稳度过了初期供水规模较少，水费收入较少的最困难时期，为工程平稳过渡和正常运行起到了关键作用。

6.4.2 珠海对澳门供水工程水价

珠海对澳门供水建设的南抽站配套工程、广昌泵站配套工程、广昌至南屏水库水源管道、南屏水库配套工程（含土地）、平岗咸期配套工程、平岗至广昌原水保障工程、对澳门第四条供水管道工程、对澳门第三条供水管道工程、竹银水库工程、竹仙洞大坝加固工程，以及对澳门第一、第二、第三条供水管道工程等总投资约35.11亿元，其中澳门投资约9.38亿元，主要为平岗至广昌原水保障工程投资的40%、对澳门第四条供水管道工程投资和对澳门第三条供水管道工程，澳门投资约占总投资的27%。

1960年3月至1985年8月，对澳门供水是无偿的；1985年9月开始，对澳门供水转为有偿；1993年4月改为港币计价；1998年3月供水价格调整为0.893港元/m^3，2005年1月1日起供水价格调整为1.1港元/m^3、2006年1月

1 日起供水价格调整为 1.21 港元/m^3；2007 年起，水价再次以人民币计价，为 1.54 元/m^3；随后又进行了几次水价调整，2019 年水价为 2.42 元/m^3。

6.4.3 东深供水工程水价

东深供水工程的供水地区包括了广东省的深圳市、东莞以及香港特别行政区，由于所处的地理位置差异，前两者在东江流域内，后者为流域外区域。区域间自然与经济社会特点不尽相同，水价的计价方式也存在差别。深圳、东莞水价依据《水利工程供水价格管理办法》与《水利工程供水定价成本监审办法（试行）》核定；粤港双方每 3 年谈判确定未来 3 年对港水价，依据粤港两地的物价指数、汇率变动、运作费加幅三因素调整。

（1）深圳、东莞水价实行“按量计费”模式，按年度实际供水量结合供水水价计算水费，其中东莞供水水价约为 0.68 元/m^3，深圳供水水价约为 1.14 元/m^3。年度水费依据当年实际供水水量计算。

（2）香港水价目前实行“统包总额”模式。2005 年后的供水协议对港供水采用总包计价方式，双方均同意以 11 亿 m^3 为最终年供水量的目标维持不变，总包水量为 8.2 亿 m^3。水价协议每 3 年协商签订一次，水价的增幅根据运作费的加幅并考虑到粤、港两地的有关物价指数，以及人民币对港币汇价变动等因素来确定。2018—2020 年的总包水价分别为 47.93 亿港币、48.07 亿港币和 48.21 亿港币。

粤港双方每 3 年谈判确定未来 3 年对港水价，依据粤港两地的物价指数、汇率变动、运作费加幅三因素调整。后期采用的“统包总额”方式，与“两部制”水价类似，在供水量减少的年份依然保障了水费收取和工程良性运行。

6.4.4 松柏山水库

1. 工程简介与工程投资

松柏山水库位于贵州省贵安新区境内，大坝坐落在松柏桥上游 650m 的南明河上，距贵阳市城区 30km。水库总库容 4760 万 m^3，正常蓄水位 1179.00m，死水位 1162.40m，为中型水库，工程等别为Ⅲ等，主要建筑物按 3 级建筑物设计，供水标准按 100 年一遇洪水（$P=1.0\%$）设计，1000 年一遇洪水（$P=0.1\%$）校核。工程枢纽由拦河大坝、溢洪道、泄洪兼放空底孔、取水系统及下游二道坝等建筑物组成。松柏山水库坝址以上流域面积 139km^2，主河道河长 26.9km，河道比降 5.48‰，库岸线长 46.4km。水库于 1975 年 10 月动工兴建，1987 年竣工正式投入运行。工程建设资金全部为国家投资。水库设计功能包括城市防洪、城市供水及农业灌溉。供水对象包括贵阳市生态环境用水、北控南部水厂、贵州北极熊实业有限公司、花溪水厂和贵阳思源房地产开发有限公司。

2. 工程水价

工程水价以政府定价为主，个别供水对象实行协商定价。

松柏山水库向工业及城镇生活用水提供原水的价格为 0.20 元/m^3；农业灌溉用水每亩 48 元/年；向沿渠工业企业供水价格为 0.52 元/m^3，向城市供水企业提供原水的价格为 0.35 元/m^3。工程供北极熊实业有限公司水价，按照双方协商定价为 2 元/m^3。工程供贵阳市生态环境用水，按照双方供水协议，每年向贵阳市供水 2000 万 m^3，水费为 300 万/a。

近年各供水对象供水量如下：

(1) 2018—2020 年向贵阳市生态环境供水量均为 2000 万 m^3。

(2) 北控南部水厂为花溪大学城唯一供水企业，2020 年用水量从 1300 万 m^3 降至 850 万 m^3，松柏山水库收入减少近 170 万元。2018—2020 年向北控南部水厂供水量为 1256 万 m^3/a、1300 万 m^3/a、850 万 m^3/a，平均为 1135 万 m^3/a。

(3) 2018—2020 年向贵州北极熊实业有限公司花溪水厂供水量为 60 万 m^3、60 万 m^3、90 万 m^3，平均为 70 万 m^3/a。

(4) 2018—2020 年向贵阳思源房地产开发有限公司、松柏山水库生态示范基地、贵阳恒大旅游发展有限公司、贵阳美的新时代房地产发展有限公司等，供水量为 25 万 m^3、50 万 m^3、80 万 m^3，平均为 50 万 m^3/a。2018 年工程运行管理单位水费收入 854 万元，2019 年 967 万元，2020 年 1011 万元，平均水费收入 944 万元/a。总体收费率为 66.5%，主要是农业灌溉用水基本收不到水费。工程每年运行维护费用约为 1500 万元，资金缺口约为 556 万元。

3. 经验

松柏山水库水价管理的经验是，采用了政府定价和协商定价相结合的价格形成机制。对特殊用户，特别是单方水产出比较高的用户，采用了协商定价的方式。如北极熊实业有限公司，主要产品是桶装水，在供水质量有保障的前提下，愿意付出高水价。

6.4.5 福泉市高车水库

1. 工程简介与工程投资

福泉市高车水库位于贵州省福泉市金山街道办事处岔河村，围阻河支流陡关河及白水河汇合下游，距离福泉市区 9.3km。水库坝址以上流域面积为 158km^2，正常需水位 925.00m，相应库容 1118 万 m^3；校核洪水位 929.70m，相应库容 1755 万 m^3；死水位 908.50m，死库容 126 万 m^3。大坝为细石混凝土砌毛石双曲拱坝，坝顶高程 930.00m，坝顶长 152.5m，坝顶宽 4m，最大坝高 41.7m。社会资金参与了该工程投资建设。工程于 2008 年 12 月开工，2012 年 3 月下闸蓄水，总投资 3.24 亿元。2019 年 12 月，大坝枢纽工程及供水主渠道工程项目通过竣工验收。工程以城镇及工业供水为主，兼顾农业灌溉。设计城镇及工业供水 9.42 万 t/d、灌溉面积 1.41 万亩，工程规模为中型水库。

2. 工程水价

工程供水定价方式为政府定价。按照相关定价文件，工程供给福泉市供排水公司的原水水价，定为 0.13 元/m^3。

(1) 工程收入主要包括：

1) 每年供给福泉市供排水公司原水费收入约 90 万元，供水量约为 700 万 m^3，目前居民供水未进行过调价。

2) 原水费及渠道维护管理费 40 万元。

3) 高车水库附属电站上网电费约 40 万元 [电价为 0.2494 元/(kW·h)]。

工程每年合计收入约 170 万元。因灌溉渠道未修建完成，灌溉取水未执行定价收费。

(2) 工程支出主要包括：

1) 供水渠道管理维护费每年约 30 万元（包括杂草清理、巡查巡检、维修维护等）。目前工程运行维护不足未进行大检大修。

2) 水库附属电站日常维护约 10 万元（包括水轮发电机维护保养、供水设施维护保养等）。

3) 运行管理人员工资约 56 万元。

4) 库区管理费用约 10 万元。

5) 大坝安全监测费用 20 万元。

6）库区水质监测站，每年运行维护费用约24万元。

以上每年合计支出约150万元。目前收入仅能维持工程基本运行。

3. 经验与问题

通过向特定供水对象保障供水，吸引社会资本入股，拓宽了工程筹资的途径。目前存在的问题如下：

（1）福泉市新区规划建设相对滞后，达不到原定的需水量，工程供水量比设计值偏低，未能充分发挥工程设计功能，影响工程供水收入。

（2）工程配套资金不到位，灌溉渠系未能完工，农业灌溉功能基本缺失，原定的灌溉功能未能发挥。

（3）保障不充分，未反映实际供水成本。

6.5 本章小结

本章根据水利工程水价改革形式进行分析，阐述了当前的政策变化、建设投资方式变化，并结合典型案例，得到以下结论：

（1）从水价形成机制、成本核算及水价作用等方面分析。水价改革应“公益归公益的，市场归市场的”，提出“两手发力”和市场“善用价”的论断；逐步推广“准许成本＋合理收益”的概念；水价改革要紧靠当前改革思想，推进水利工程水价成本核算和成本监审的规范化和透明化。水价改革要能够保证供水工程和设施良性运行，促进节水减排和水资源可持续利用。

（2）水利工程建设的筹资方式正发生变化，需要拓宽水利工程建设资金筹措渠道：要落实水价标准和收费制度；要建立合理的回报机制；扩大股权和债权融资规模；要推动建立合理回报机制，吸引更多社会资本参与水利工程建设运营；要建立健全有利于促进水资源节约和水利工程良性运行、与投融资体制相适应的水利工程水价形成机制，推进供水工程投融资体制机制改革。

（3）典型案例中南水北调中线、东线工程执行的“两部制”水价为工程平稳过渡和正常运行起到了关键作用；珠海对澳门供水工程水价成功之处在于签订供水协议，定期根据物价指数和供水电费涨幅可对水价进行动态调整；东深供水工程，东莞、深圳按供水量收费，香港则实行“统包总额”收取水费，并根据物价指数、汇率变动和运行费三因素定期调整。

第7章　水价承受能力与调价空间分析

7.1　分析方法

目前，我国水价承受能力计算较为传统，都是按照可支配收入、单位产品产值一定比例，例如农业亩均产值的5%或净产值的10%，计算水费支付意愿，这种计算方式已经不能满足水价改革的需求。根据前期工作调研表明，水价承受能力随水资源条件、经济条件、地域地貌类型以及用户类型变化。

通过收集区域城乡居民可支配收入、工业主要产品及产值、农业主要产品亩均用水量、产出和电价等信息，构建随地域、用户变化的水价承受能力计算公式，针对不同供水对象，如城乡居民生活用水、工业用水、农业用水、发电用水等供应对象，分析其水价承受能力。

1. *城乡居民生活用水水价承受能力计算方法*

根据经济学原理，存在一个社会平均支付意愿 A，不同地区、不同人群的支付意愿会随降水量、用水水平、可支配收入等变化，可表示为

$$a = Af(q, I, r\cdots\cdots)$$

运用计量经济学回归模型的函数形式，通过统计分析，农村供水水费支付意愿与用水量、农村居民可支配收入的相关关系最为密切，将用水量、农村居民可支配收入变化对支付意愿的影响用指数回归模型表达，并两边求自然对数，即

$$\ln a = \alpha + \beta \ln q + \gamma \ln I$$

式中　α——平均支付意愿；

β——区域城乡居民平均用水量对支付意愿的影响系数；

γ——城乡居民可支配收入对支付意愿的影响系数。

根据现状调研的水价、用水量和居民可支配收入数据拟合。支付意愿（水

费支出占农村可支配收入的百分比,%)计算式为

$$\ln a=5.37+0.69\ln q-0.89\ln I$$

式中 a——支付意愿;

q——计算地区上一年的城乡居民生活日均用水量,L/d;

I——计算地区城乡居民可支配收入。

可承受水价为

$$p_{生活}=\frac{a\times I/100}{q\times 365/1000}=\frac{a\times I}{q\times 365/10}$$

式中 $p_{生活}$——城乡生活供水水价承受能力,元/m^3;

其他意义同前。

2. 农业灌溉用水水价承受能力计算方法

为全面分析农业灌溉供水水价承受能力,将水费支出占亩均产值的比例、区域降水情况、亩均产值和人均可支配收入等相关数据,按亩均产出进行拟合计算,得到按亩均产出计算的承受能力。

与农村供水水价支付意愿类似,农业灌溉支付意愿可表示为

$$\ln a=\alpha+\beta\ln r+\gamma\ln P$$

采用现状水价与相关数据,用多元回归模型拟合支付意愿(水费支出占亩均产值的百分比,%)计算式为

$$\ln a=6.34-0.31\ln r-0.28\ln P$$

式中 a——支付意愿;

r——区域多年平均降水量,mm;

ln——自然对数;

P——计算作物的亩均产值。

常数代表全国平均支付意愿。

(1)按亩计算的农业灌溉水价承受能力为

$$p_{农灌}=\frac{aP}{100}$$

(2)按方计算的农业灌溉水价承受能力为

$$p_{农灌}=\frac{aP}{100Q}$$

式中 Q——亩均灌溉水量,m^3/亩。

本书采用贵州省中籼稻亩均产值计算粮食作物农业灌溉支付意愿；采用露地西红柿和烤烟及油料亩均产值计算经济作物农业灌溉支付意愿。

3. 工业用水水价承受能力计算方法

根据大量资料显示，工业水费支出一般占工业总产值的 2%左右，将此标准作为工业水费支出的理想化水平，计算工业水费支出，结合当地实际工业用水量推算出工业水价承受能力。

7.2 水价承受能力分析

7.2.1 城乡居民生活用水水价承受能力分析

1. 城镇居民生活用水水价承受能力

2015—2019 年贵州省城镇居民生活用水供水水价承受能力见表 7-1。随经济发展水平提升，各市（自治州）城镇人均可支配收入逐年递增。人均可支配收入水平最高的市为贵阳市，最低为安顺市。选取 2015—2019 年城镇人均可支配收入与人均日用水量作为数据计算出城镇居民水价承受能力。贵州省各城镇近 5 年水价承受能力均在 4.0～5.0 元/m^3，远高于目前贵州省实施的阶梯水价：第一阶梯 1.8 元/m^3，第二阶梯 2.7 元/m^3。由此可以看出，贵州省整体而言供水水价均有较大的调价空间，目前所实施水价属于偏低水平。2015—2019 年贵州省各市（自治州）城镇居民生活用水供水水价承受能力如图 7-1 所示。

表 7-1　2015—2019 年贵州省城镇居民生活用水供水水价承受能力

市（自治州）	年份	q/(L/d)	$\ln q$	I/元	$\ln I$	$\ln a$	a	$P_{城供}$/(元/m^3)
贵阳	2015	119.57	4.78	27241.01	10.21	−0.38	0.68	4.26
	2016	119.86	4.79	29501.65	10.29	−0.45	0.64	4.29
	2017	123.14	4.81	32186.30	10.38	−0.51	0.60	4.30
	2018	125.72	4.83	35115.00	10.47	−0.57	0.56	4.32
	2019	125.56	4.83	38240.00	10.55	−0.65	0.52	4.36
六盘水	2015	102.48	4.63	23327.07	10.06	−0.35	0.70	4.39
	2016	102.29	4.63	25472.59	10.15	−0.43	0.65	4.44
	2017	97.78	4.58	27892.80	10.24	−0.54	0.58	4.54
	2018	100.15	4.61	30374.75	10.32	−0.60	0.55	4.56
	2019	100.30	4.61	33048.00	10.41	−0.67	0.51	4.60

续表

市（自治州）	年份	q/(L/d)	$\ln q$	I/元	$\ln I$	$\ln a$	a	$P_{城供}$/(元/m^3)
遵义	2015	111.91	4.72	24997.00	10.13	−0.35	0.70	4.30
	2016	111.11	4.71	27097.00	10.21	−0.43	0.65	4.35
	2017	115.95	4.75	29617.02	10.30	−0.48	0.62	4.34
	2018	121.66	4.80	32312.00	10.38	−0.52	0.59	4.32
	2019	118.57	4.78	35352.00	10.47	−0.62	0.54	4.40
安顺	2015	95.66	4.56	22936.00	10.04	−0.38	0.68	4.47
	2016	95.77	4.56	24885.00	10.12	−0.46	0.63	4.51
	2017	95.93	4.56	27224.00	10.21	−0.53	0.59	4.56
	2018	100.55	4.61	29674.00	10.30	−0.58	0.56	4.54
	2019	100.97	4.61	32345.00	10.38	−0.65	0.52	4.58
毕节	2015	91.14	4.51	23121.00	10.05	−0.42	0.65	4.55
	2016	91.48	4.52	25041.00	10.13	−0.49	0.61	4.58
	2017	95.03	4.55	27320.00	10.22	−0.54	0.58	4.57
	2018	95.16	4.56	29888.00	10.31	−0.62	0.54	4.62
	2019	95.74	4.56	32638.00	10.39	−0.70	0.50	4.66
铜仁	2015	102.14	4.63	22471.00	10.02	−0.32	0.73	4.37
	2016	97.76	4.58	24651.00	10.11	−0.43	0.65	4.48
	2017	111.94	4.72	26943.54	10.20	−0.42	0.66	4.34
	2018	113.01	4.73	29422.35	10.29	−0.49	0.61	4.37
	2019	112.78	4.73	32158.25	10.38	−0.57	0.57	4.42
黔西南	2015	84.20	4.43	23342.00	10.06	−0.49	0.61	4.66
	2016	81.99	4.41	25419.00	10.14	−0.58	0.56	4.75
	2017	105.59	4.66	27758.09	10.23	−0.48	0.62	4.44
	2018	105.77	4.66	30407.14	10.32	−0.56	0.57	4.48
	2019	105.85	4.66	33308.92	10.41	−0.64	0.52	4.52
黔东南	2015	99.91	4.60	23173.00	10.05	−0.36	0.70	4.42
	2016	101.36	4.62	25282.00	10.14	−0.43	0.65	4.44
	2017	100.29	4.61	27659.00	10.23	−0.52	0.60	4.50
	2018	100.30	4.61	30130.43	10.31	−0.59	0.55	4.55
	2019	101.23	4.62	32751.78	10.40	−0.66	0.52	4.58
黔南	2015	98.37	4.59	23911.00	10.08	−0.40	0.67	4.46
	2016	97.12	4.58	26063.23	10.17	−0.49	0.61	4.52
	2017	101.84	4.62	28565.30	10.26	−0.54	0.59	4.50
	2018	104.89	4.65	31136.00	10.35	−0.59	0.55	4.50
	2019	106.03	4.66	33969.38	10.43	−0.66	0.52	4.53

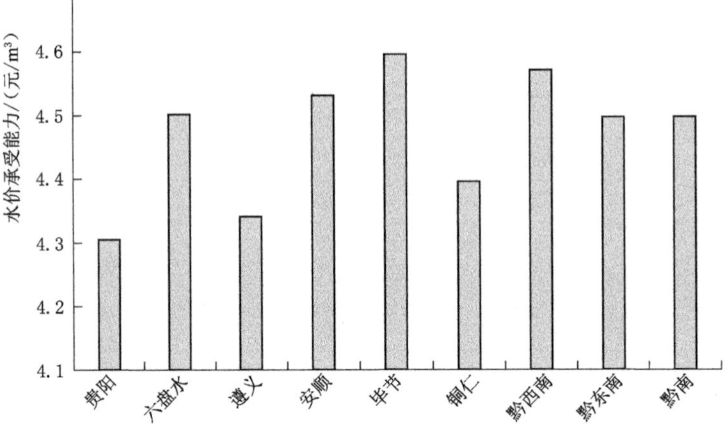

图 7-1 2015—2019 年贵州省各市（自治州）城镇居民生活用水供水水价承受能力

2. 农村居民生活用水水价承受能力

2015—2019 年贵州省农村居民生活用水供水水价承受能力见表 7-2。贵州省各市（自治州）农村居民生活用水供水水价承受能力（图 7-2）基本相同。

表 7-2 2015—2019 年贵州省农村居民生活用水供水水价承受能力

市（自治州）	年份	q/(L/d)	ln$q$	I/元	ln$I$	ln$a$	a	$P_{农供}$/(元/m³)
贵阳	2015	86.96	4.47	11917.80	9.39	0.05	1.05	3.93
	2016	87.17	4.47	12967.49	9.47	−0.03	0.97	3.96
	2017	89.56	4.49	14264.24	9.57	−0.09	0.91	3.97
	2018	91.43	4.52	15648.47	9.66	−0.16	0.85	3.99
	2019	91.31	4.51	17275.00	9.76	−0.25	0.78	4.04
六盘水	2015	74.53	4.31	7522.40	8.93	0.35	1.41	3.91
	2016	74.39	4.31	8229.54	9.02	0.27	1.30	3.95
	2017	71.12	4.26	9069.30	9.11	0.15	1.16	4.05
	2018	72.83	4.29	9967.00	9.21	0.08	1.08	4.07
	2019	72.95	4.29	11043.44	9.31	−0.01	0.99	4.11
遵义	2015	81.39	4.40	9249.00	9.13	0.22	1.25	3.90
	2016	80.81	4.39	10109.00	9.22	0.14	1.15	3.94
	2017	84.33	4.43	11130.01	9.32	0.08	1.09	3.94
	2018	88.48	4.48	12265.00	9.41	0.03	1.03	3.92
	2019	86.23	4.46	13565.00	9.52	−0.08	0.93	4.00

续表

市（自治州）	年份	q/(L/d)	$\ln q$	I/元	$\ln I$	$\ln a$	a	$P_{农供}$/(元/m^3)
安顺	2015	69.57	4.24	7402.00	8.91	0.31	1.37	3.99
	2016	69.65	4.24	8120.00	9.00	0.23	1.26	4.03
	2017	69.76	4.25	8956.00	9.10	0.15	1.16	4.07
	2018	73.13	4.29	9861.00	9.20	0.09	1.10	4.06
	2019	73.44	4.30	10896.00	9.30	0.01	1.01	4.10
毕节	2015	66.28	4.19	6945.00	8.85	0.34	1.40	4.02
	2016	66.53	4.20	7668.00	8.94	0.25	1.29	4.06
	2017	69.12	4.24	8473.00	9.04	0.19	1.21	4.06
	2018	69.21	4.24	9354.00	9.14	0.10	1.11	4.10
	2019	69.63	4.24	10364.00	9.25	0.02	1.02	4.14
铜仁	2015	74.29	4.31	6931.00	8.84	0.42	1.52	3.88
	2016	71.10	4.26	7631.03	8.94	0.30	1.35	3.97
	2017	81.41	4.40	8424.66	9.04	0.31	1.36	3.85
	2018	82.19	4.41	9267.12	9.13	0.23	1.26	3.89
	2019	82.02	4.41	10258.57	9.24	0.14	1.15	3.93
黔西南	2015	61.23	4.11	7059.00	8.86	0.27	1.31	4.13
	2016	59.63	4.09	7779.00	8.96	0.16	1.18	4.21
	2017	76.79	4.34	8595.81	9.06	0.25	1.28	3.93
	2018	76.93	4.34	9484.70	9.16	0.16	1.18	3.98
	2019	76.98	4.34	10532.00	9.26	0.07	1.07	4.02
黔东南	2015	72.66	4.29	6863.00	8.83	0.41	1.51	3.90
	2016	73.72	4.30	7584.00	8.93	0.33	1.39	3.93
	2017	72.94	4.29	8388.00	9.03	0.24	1.27	3.99
	2018	72.95	4.29	9227.00	9.13	0.15	1.16	4.03
	2019	73.62	4.30	10232.74	9.23	0.07	1.07	4.07
黔南	2015	71.54	4.27	8047.03	8.99	0.26	1.30	3.99
	2016	70.64	4.26	8844.19	9.09	0.17	1.18	4.05
	2017	74.06	4.30	9746.30	9.18	0.11	1.12	4.04
	2018	76.28	4.33	10720.93	9.28	0.05	1.05	4.04
	2019	77.12	4.35	11910.95	9.39	−0.04	0.96	4.08

7.2.2 工业用水水价承受能力分析

2015—2019年贵州省工业用水水费支出及占比见表7-3。近五年全省工业

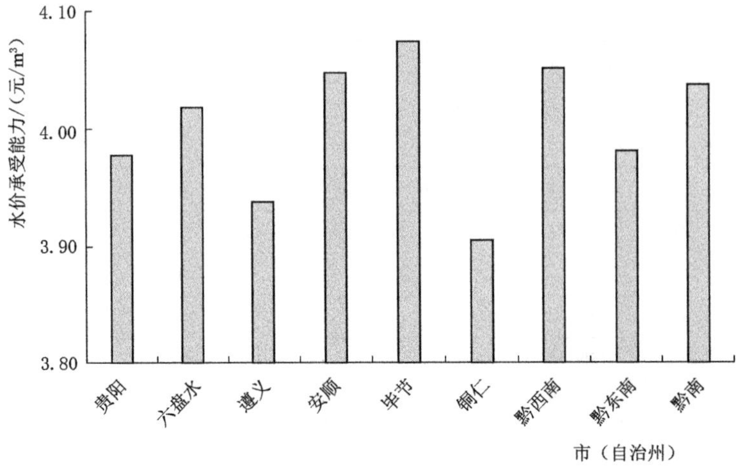

图 7-2　2015—2019 年贵州省各市（自治州）农村居民生活用水水价平均承受能力

水费占工业总产值平均比例为 0.93%，工业水费支出占比最高的安顺市为 1.59%，最低的黔西南州为 0.56%。2015—2019 年贵州省工业用水水费支出及占比见表 7-3。

表 7-3　　　　2015—2019 年贵州省工业用水水费支出及占比

市（自治州）	年份	非居民水价/(元/m^3)	工业用水量/亿 m^3	工业水费/亿元	工业总产值/亿元	占比/%
贵阳	2019	4.04	3.99	16.12	2066.17	0.78
	2018	4.04	4.02	16.24	2236.07	0.73
	2017	4.04	3.91	15.80	2250.69	0.70
	2016	4.04	3.92	15.84	2890.08	0.55
	2015	4.04	3.79	15.31	2585.00	0.59
六盘水	2019	4.10	3.82	15.66	1131.00	1.38
	2018	4.10	3.95	16.20	1224.00	1.32
	2017	4.10	3.23	13.24	1232.00	1.07
	2016	4.10	3.26	13.37	1582.00	0.84
	2015	4.10	3.72	15.25	1415.00	1.08
遵义	2019	4.05	3.54	14.34	2321.14	0.62
	2018	4.05	3.41	13.81	2512.00	0.55
	2017	4.05	3.31	13.41	2520.00	0.53
	2016	4.05	3.33	13.49	2432.00	0.55
	2015	4.05	3.19	12.92	1975.00	0.65

续表

市（自治州）	年份	非居民水价/（元/m^3）	工业用水量/亿 m^3	工业水费/亿元	工业总产值/亿元	占比/%
安顺	2019	4.13	2.31	9.54	512.51	1.86
	2018	4.13	2.31	9.54	554.65	1.72
	2017	4.13	2.28	9.42	558.28	1.69
	2016	4.13	2.22	9.17	716.88	1.28
	2015	4.13	2.15	8.88	641.20	1.38
毕节	2019	3.70	4.14	15.32	891.02	1.72
	2018	3.70	4.30	15.91	964.28	1.65
	2017	3.70	4.08	15.10	970.59	1.56
	2016	3.70	4.02	14.87	1246.32	1.19
	2015	3.70	4.16	15.39	1114.76	1.38
铜仁	2019	4.05	1.73	7.01	477.42	1.47
	2018	4.05	1.93	7.82	516.68	1.51
	2017	4.05	1.85	7.49	520.06	1.44
	2016	4.05	2.00	8.10	667.80	1.21
	2015	4.05	1.93	7.82	597.31	1.31
黔西南	2019	2.40	1.93	4.63	728.89	0.64
	2018	2.40	1.64	3.94	788.82	0.50
	2017	2.40	1.91	4.58	793.98	0.58
	2016	2.40	2.19	5.26	1019.54	0.52
	2015	2.40	2.11	5.06	911.92	0.56
黔东南	2019	3.00	1.82	5.46	308.43	1.77
	2018	3.00	1.46	4.38	333.79	1.31
	2017	3.00	2.03	6.09	335.97	1.81
	2016	3.00	2.52	7.56	431.42	1.75
	2015	3.00	2.32	6.96	385.88	1.80
黔南	2019	4.80	2.12	10.18	947.39	1.07
	2018	4.80	2.17	10.42	1025.29	1.02
	2017	4.80	2.23	10.70	1031.99	1.04
	2016	4.80	2.21	10.61	1325.17	0.80
	2015	4.80	2.11	10.13	1185.28	0.85

根据调查研究成果，工业用水水费一般占工业产值的2%左右。贵州省工业用水水价承受能力及调价空间见表7-4。以2019年为水价承受能力推算基准年，可以得出遵义市调价空间最大，为9.06元/m^3；安顺市调价空间最小，为0.31元/m^3。

表7-4 贵州省工业用水水价承受能力及调价空间

市（自治州）	工业总产值/亿元	工业水费（$R=2\%$）/亿元	水价承受能力/（元/m^3）	调价空间/（元/m^3）
贵阳	2066.17	41.32	10.36	6.32
六盘水	1131.00	22.62	5.92	1.82
遵义	2321.14	46.42	13.11	9.06
安顺	512.51	10.25	4.44	0.31
毕节	891.02	17.82	4.30	0.60
铜仁	477.42	9.55	5.52	1.47
黔西南	728.89	14.58	7.55	5.15
黔东南	308.43	6.17	3.39	0.39
黔南	947.39	18.95	8.94	4.14

7.2.3 农业灌溉用水水价承受能力分析

根据贵州省主要农作物产量级数，并进一步将作物划分为粮食作物与经济作物，采用中籼稻亩均产值计算粮食作物农业灌溉支付意愿，采用露地西红柿和烤烟及油料亩均产值计算经济作物农业灌溉支付意愿。其中，毕节市相关数据难以获取，考虑与其地理位置相近、经济结构类似、水文气象条件相同的特点，六盘水市与其同属黔西北温凉重春旱区，毕节市采用与六盘水市相同的水价承受能力。

1. 粮食作物用水水价承受能力

2014—2018年贵州省粮食作物用水水价承受能力如图7-3所示。安顺市承受能力居全省之首，在0.67～0.89元/m^3；贵阳市次之，在0.64～0.72元/m^3；黔西南州排在第三位，承受能力在0.59～0.66元/m^3。2014—2018年贵州省粮食作物平均承受能力在0.55～0.75元/m^3，其中安顺市承受能力最大，为0.75元/m^3；铜仁市承受能力最小，为0.55元/m^3。2014—2018年贵州省粮食作物用水水价承受能力见表7-5。

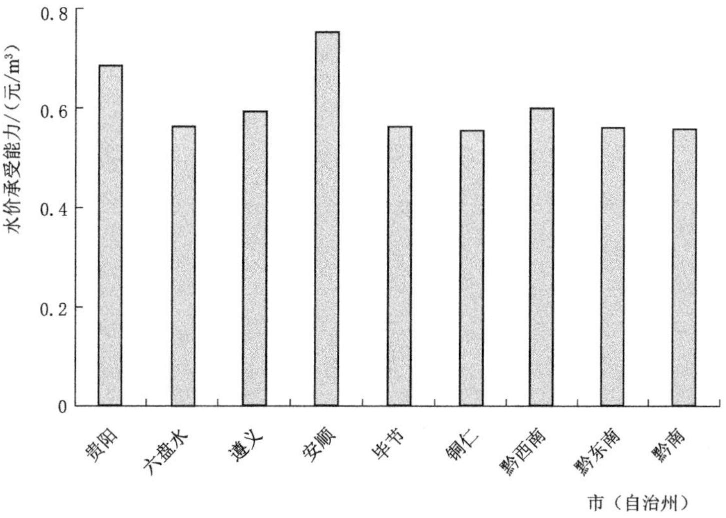

图 7-3　2014—2018 年贵州省粮食作物用水水价承受能力

表 7-5　　2014—2018 年贵州省粮食作物用水水价承受能力

市（自治州）	年份	降水量/mm	亩均产值/元	支付意愿	承受能力/(元/亩)	承受能力/(元/m^3)
贵阳	2014	1095.70	816.13	9.93	81.03	0.70
	2015	1095.70	713.51	10.31	73.54	0.64
	2016	1095.70	790.41	10.02	79.18	0.69
	2017	1095.70	785.55	10.03	78.82	0.68
	2018	1095.70	851.64	9.81	83.56	0.72
六盘水	2014	1315.80	885.83	9.17	81.19	0.62
	2015	1315.80	876.74	9.19	80.59	0.61
	2016	1315.80	837.73	9.31	77.99	0.59
	2017	1315.80	607.45	10.18	61.84	0.47
	2018	1315.80	683.58	9.85	67.34	0.51
遵义	2014	1077.00	746.54	10.23	76.39	0.61
	2015	1077.00	761.32	10.18	77.48	0.62
	2016	1077.00	603.99	10.85	65.55	0.52
	2017	1077.00	760.21	10.18	77.39	0.62
	2018	1077.00	724.80	10.32	74.77	0.60
安顺	2014	1334.60	917.57	9.04	82.92	0.72
	2015	1578.30	893.70	8.64	77.21	0.67
	2016	1149.20	903.45	9.51	85.91	0.74
	2017	1174.40	911.93	9.42	85.91	0.74
	2018	1537.40	1311.51	7.83	102.68	0.89

续表

市（自治州）	年份	降水量/mm	亩均产值/元	支付意愿	承受能力/(元/亩)	承受能力/(元/m³)
毕节	2014	—	—	—	—	0.62
	2015	—	—	—	—	0.61
	2016	—	—	—	—	0.59
	2017	—	—	—	—	0.47
	2018	—	—	—	—	0.51
铜仁	2014	1216.60	773.50	9.75	75.45	0.54
	2015	1216.60	778.83	9.74	75.82	0.54
	2016	1216.60	771.88	9.76	75.33	0.54
	2017	1216.60	777.49	9.74	75.73	0.54
	2018	1216.60	950.63	9.21	87.56	0.63
黔西南	2014	1273.30	818.32	9.47	77.47	0.59
	2015	1273.30	796.56	9.54	75.97	0.58
	2016	1273.30	796.93	9.54	76.00	0.58
	2017	1273.30	808.45	9.50	76.79	0.59
	2018	1273.30	956.79	9.06	86.72	0.66
黔东南	2014	1648.10	779.33	8.85	69.00	0.49
	2015	1433.70	766.86	9.29	71.23	0.51
	2016	1304.70	907.82	9.13	82.86	0.59
	2017	1263.70	938.36	9.13	85.72	0.61
	2018	1389.30	954.43	8.83	84.25	0.60
黔南	2014	1395.80	805.93	9.24	74.45	0.53
	2015	1260.20	788.84	9.59	75.69	0.54
	2016	1273.20	843.11	9.39	79.16	0.57
	2017	1232.40	828.50	9.53	78.96	0.56
	2018	1319.30	898.63	9.12	81.97	0.59

2. 经济作物用水水价承受能力

2014—2018 年贵州省经济作物水价承受能力，黔南州承受能力居全省之首，为 2.12～2.50 元/m³；黔东南州次之，为 1.45～1.78 元/m³；贵阳市排在第三位，承受能力为 1.04～1.58 元/m³。2014—2018 年贵州省经济作物平均承受能力在 0.92～2.30 元/m³，其中黔南州承受能力最大，为 0.22 元/m³；六盘水市承受能力最小，为 0.92 元/m³，如图 7－4 所示。2014—2018 年贵州省经济作物水价承受能力见表 7－6。

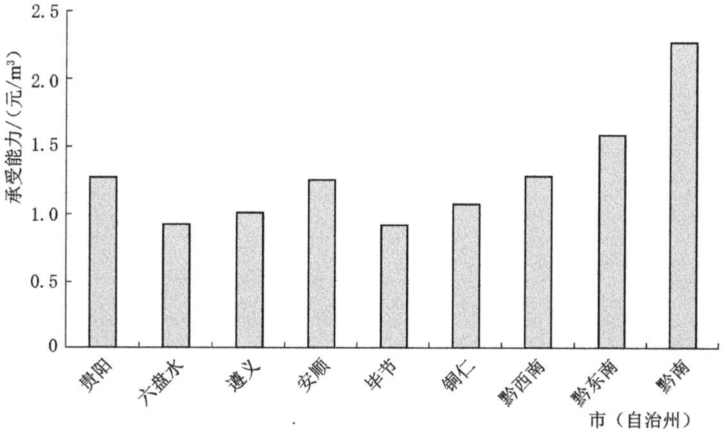

图 7-4 2014—2018 年贵州省各市（自治州）经济作物用水水价平均承受能力

表 7-6 2014—2018 年贵州省经济作物水价承受能力

市（自治州）	年份	降水量/mm	亩均产值/元	支付意愿	承受能力/(元/亩)	承受能力/(元/m^3)
贵阳	2014	1095.70	3290.15	6.74	221.70	1.58
	2015	1095.70	2530.99	7.25	183.45	1.31
	2016	1095.70	1830.72	7.93	145.20	1.04
	2017	1095.70	2412.75	7.35	177.22	1.27
	2018	1095.70	2143.10	7.59	162.69	1.16
六盘水	2014	1315.80	2123.09	7.19	152.62	1.09
	2015	1315.80	1870.71	7.45	139.29	0.99
	2016	1315.80	1430.10	8.02	114.74	0.82
	2017	1315.80	1311.26	8.22	107.77	0.77
	2018	1315.80	1726.46	7.61	131.45	0.94
遵义	2014	1077.00	2202.81	7.57	166.84	1.19
	2015	1077.00	1825.81	7.98	145.70	1.04
	2016	1077.00	1454.38	8.50	123.63	0.88
	2017	1077.00	1489.40	8.44	125.77	0.90
	2018	1077.00	1894.93	7.90	149.66	1.07
安顺	2014	1334.60	2352.86	6.96	163.65	1.44
	2015	1578.30	1892.57	7.01	132.72	1.17
	2016	1149.20	1533.55	8.21	125.88	1.11
	2017	1174.40	2101.01	7.47	156.94	1.38
	2018	1537.40	2001.04	6.96	139.30	1.23

续表

市（自治州）	年份	降水量/mm	亩均产值/元	支付意愿	承受能力/(元/亩)	承受能力/(元/m³)
毕节	2014	—	—	—	—	1.09
	2015	—	—	—	—	0.99
	2016	—	—	—	—	0.82
	2017	—	—	—	—	0.77
	2018	—	—	—	—	0.94
铜仁	2014	1216.60	2113.86	7.38	155.91	1.11
	2015	1216.60	2029.65	7.46	151.40	1.08
	2016	1216.60	1837.01	7.67	140.88	1.01
	2017	1216.60	1818.99	7.69	139.88	1.00
	2018	1216.60	2354.40	7.16	168.52	1.20
黔西南	2014	1273.30	3507.90	6.32	221.57	1.58
	2015	1273.30	2660.79	6.82	181.49	1.30
	2016	1273.30	2091.14	7.29	152.51	1.09
	2017	1273.30	2605.11	6.86	178.74	1.28
	2018	1273.30	2379.14	7.04	167.40	1.20
黔东南	2014	1648.10	2570.21	6.35	163.32	1.45
	2015	1433.70	2541.46	6.66	169.19	1.50
	2016	1304.70	2549.29	6.85	174.63	1.55
	2017	1263.70	2974.92	6.63	197.18	1.74
	2018	1389.30	3194.92	6.31	201.56	1.78
黔南	2014	1395.80	4367.67	5.78	252.23	2.23
	2015	1260.20	3974.50	6.12	243.26	2.15
	2016	1273.20	3899.39	6.13	239.17	2.12
	2017	1232.40	4718.88	5.88	277.29	2.45
	2018	1319.30	4986.51	5.66	282.48	2.50

7.3 水价承受能力预测

7.3.1 居民生活用水水价承受能力预测

1. 城镇供水水价

根据《贵州省国民经济和社会发展第十四个五年规划和 2035 年远景目标纲

要》，2025 年、2030 年和 2035 年贵州省城镇供水水价承受能力预测见表 7－7。

表 7－7　2025 年、2030 年和 2035 年贵州省城镇供水水价承受能力预测

市（自治州）	年份	q/(L/d)	$\ln q$	I/元	$\ln I$	$\ln a$	a	$P_{城供}$/(元/m^3)
贵阳	2025	140.00	4.94	61359.45	11.02	−0.99	0.37	4.45
	2030	140.00	4.94	90995.05	11.42	−1.34	0.26	4.65
	2035	140.00	4.94	134944.15	11.81	−1.69	0.18	4.87
六盘水	2025	140.00	4.94	53028.43	10.88	−0.86	0.42	4.38
	2030	140.00	4.94	78640.28	11.27	−1.21	0.30	4.58
	2035	140.00	4.94	116622.23	11.67	−1.56	0.21	4.79
遵义	2025	140.00	4.94	56725.40	10.95	−0.92	0.40	4.41
	2030	140.00	4.94	84122.83	11.34	−1.27	0.28	4.61
	2035	140.00	4.94	124752.76	11.73	−1.62	0.20	4.82
安顺	2025	140.00	4.94	48541.12	10.79	−0.79	0.46	4.33
	2030	140.00	4.94	68081.44	11.13	−1.09	0.34	4.50
	2035	140.00	4.94	95487.74	11.47	−1.38	0.25	4.68
毕节	2025	140.00	4.94	48980.84	10.80	−0.79	0.45	4.34
	2030	140.00	4.94	68698.16	11.14	−1.09	0.34	4.51
	2035	140.00	4.94	96352.72	11.48	−1.39	0.25	4.68
铜仁	2025	140.00	4.94	51600.74	10.85	−0.84	0.43	4.36
	2030	140.00	4.94	76523.04	11.25	−1.19	0.30	4.56
	2035	140.00	4.94	113482.40	11.64	−1.54	0.21	4.77
黔西南	2025	140.00	4.94	53447.09	10.89	−0.87	0.42	4.38
	2030	140.00	4.94	79261.15	11.28	−1.22	0.30	4.58
	2035	140.00	4.94	117542.98	11.67	−1.57	0.21	4.79
黔东南	2025	140.00	4.94	49705.40	10.81	−0.81	0.45	4.34
	2030	140.00	4.94	70368.37	11.16	−1.11	0.33	4.52
	2035	140.00	4.94	99621.12	11.51	−1.42	0.24	4.70
黔南	2025	140.00	4.94	51553.28	10.85	−0.84	0.43	4.36
	2030	140.00	4.94	72984.43	11.20	−1.15	0.32	4.54
	2035	140.00	4.94	103324.70	11.55	−1.45	0.23	4.72

2. 农村供水水价

2025年、2030年和2035年贵州省农村供水水价承受能力预测见表7-8。

表7-8　2025年、2030年和2035年贵州省农村供水水价承受能力预测

市（自治州）	年份	q/(L/d)	ln$q$	I/元	ln$I$	ln$a$	a	$P_{农供}$/(元/m^3)
贵阳	2025	90.00	4.50	27719.26	10.23	−0.68	0.51	4.28
	2030	90.00	4.50	41107.20	10.62	−1.03	0.36	4.48
	2035	90.00	4.50	60961.30	11.02	−1.38	0.25	4.68
六盘水	2025	90.00	4.50	17720.17	9.78	−0.28	0.75	4.07
	2030	90.00	4.50	26278.71	10.18	−0.63	0.53	4.25
	2035	90.00	4.50	38970.90	10.57	−0.98	0.38	4.45
遵义	2025	90.00	4.50	21766.24	9.99	−0.46	0.63	4.16
	2030	90.00	4.50	32278.97	10.38	−0.81	0.44	4.35
	2035	90.00	4.50	47869.18	10.78	−1.16	0.31	4.56
安顺	2025	90.00	4.50	17290.58	9.76	−0.26	0.77	4.06
	2030	90.00	4.50	25405.54	10.14	−0.60	0.55	4.24
	2035	90.00	4.50	37329.07	10.53	−0.94	0.39	4.43
毕节	2025	90.00	4.50	16446.37	9.71	−0.22	0.81	4.03
	2030	90.00	4.50	24165.11	10.09	−0.56	0.57	4.21
	2035	90.00	4.50	35506.47	10.48	−0.90	0.41	4.40
铜仁	2025	90.00	4.50	16460.78	9.71	−0.22	0.80	4.03
	2030	90.00	4.50	24411.06	10.10	−0.57	0.57	4.22
	2035	90.00	4.50	36201.20	10.50	−0.92	0.40	4.41
黔西南	2025	90.00	4.50	16899.52	9.74	−0.24	0.79	4.05
	2030	90.00	4.50	25061.71	10.13	−0.59	0.55	4.23
	2035	90.00	4.50	37166.10	10.52	−0.94	0.39	4.43
黔东南	2025	90.00	4.50	16419.34	9.71	−0.21	0.81	4.03
	2030	90.00	4.50	24349.61	10.10	−0.56	0.57	4.22
	2035	90.00	4.50	36110.06	10.49	−0.91	0.40	4.41
黔南	2025	90.00	4.50	19112.17	9.86	−0.35	0.71	4.10
	2030	90.00	4.50	28343.03	10.25	−0.70	0.50	4.29
	2035	90.00	4.50	42032.24	10.65	−1.05	0.35	4.49

7.3.2 工业用水水价承受能力预测

《贵州省国民经济和社会发展第十四个五年规划和2035年远景目标纲要》

提出，工业增加值年均增长率为8%，万元工业增加值用水量下降12%，工业水费支出系数为2%。2025年、2030年和2035年工业用水水价承受能力预测见表7-9。2025年，工业水价承受能力为7.02～10.19元/m^3；2030年工业水价承受能力为7.97～11.58元/m^3；2035年，工业承受能力为9.06～13.15元/m^3。工业水价承受能力最大的是贵阳市，最小的是遵义市。

表7-9　2025年、2030年和2035年工业用水水价承受能力预测

市（自治州）	年份	工业总产值/亿元	工业水费（$R=2\%$）	工业用水量/亿m^3	承受能力/(元/m^3)
贵阳	2025	3278.75	65.58	6.44	10.19
	2030	4817.56	96.35	8.32	11.58
	2035	7078.58	141.57	10.76	13.15
六盘水	2025	1794.75	35.90	3.79	9.46
	2030	2637.08	52.74	4.91	10.75
	2035	3874.74	77.49	6.34	12.21
遵义	2025	3683.36	73.67	10.50	7.02
	2030	5412.06	108.24	13.58	7.97
	2035	7952.09	159.04	17.56	9.06
安顺	2025	813.29	16.27	1.72	9.46
	2030	1194.99	23.90	2.22	10.75
	2035	1755.83	35.12	2.87	12.21
毕节	2025	1413.94	28.28	2.99	9.46
	2030	2077.54	41.55	3.87	10.75
	2035	3052.58	61.05	5.00	12.21
铜仁	2025	757.61	15.15	1.60	9.46
	2030	1113.17	22.26	2.07	10.75
	2035	1635.61	32.71	2.68	12.21
黔西南	2025	1156.66	23.13	2.45	9.46
	2030	1699.51	33.99	3.16	10.75
	2035	2497.14	49.94	4.09	12.21
黔东南	2025	489.44	9.79	1.03	9.46
	2030	719.15	14.38	1.34	10.75
	2035	1056.66	21.13	1.73	12.21
黔南	2025	1503.39	30.07	3.18	9.46
	2030	2208.97	44.18	4.11	10.75
	2035	3245.70	64.91	5.31	12.21

7.3.3 农业用水水价承受能力预测

贵州省《贵州省国民经济和社会发展第十四个五年规划和2035年远景目标纲要》提出第一产值年均增速为5%，据此分别预测2025年、2030年和2035年贵州省各市（自治州）粮食及经济作物水价承受能力。

1. 粮食作物水价承受能力预测

2025年、2030年和2035年贵州省粮食作物承受能力预测见表7-10。2025年各市（自治州）粮食作物水价承受能力维持在0.66～2.51元/m^3；2030年维持在0.78～2.99元/m^3；2035年维持在0.93～3.56元/m^3。承受能力最大的是黔南州，最小的是六盘水市。

表7-10　2025年、2030年和2035年贵州省粮食作物承受能力预测

市（自治州）	年份	降水量/mm	亩均产值/元	支付意愿	承受能力/(元/亩)	承受能力/(元/m^3)
贵阳	2025	1095.70	1198.34	8.92	106.93	0.93
	2030	1095.70	1529.41	8.34	127.52	1.10
	2035	1095.70	1951.96	7.79	152.08	1.32
六盘水	2025	1315.80	961.87	8.96	86.17	0.66
	2030	1315.80	1227.62	8.37	102.77	0.78
	2035	1315.80	1566.79	7.82	122.56	0.93
遵义	2025	1077.00	1019.87	9.38	95.69	0.76
	2030	1077.00	1301.64	8.77	114.11	0.91
	2035	1077.00	1661.25	8.19	136.09	1.08
安顺	2025	1275.00	1845.43	7.55	139.29	1.21
	2030	1275.00	2355.28	7.05	166.12	1.44
	2035	1275.00	3006.01	6.59	198.12	1.71
毕节	2025	—	—	—	—	0.66
	2030	—	—	—	—	0.78
	2035	—	—	—	—	0.93
铜仁	2025	1216.60	1337.63	8.38	112.04	0.80
	2030	1216.60	1707.19	7.83	133.62	0.95
	2035	1216.60	2178.85	7.31	159.35	1.14
黔西南	2025	1273.30	1346.30	8.24	110.98	0.85
	2030	1273.30	1718.26	7.70	132.35	1.01
	2035	1273.30	2192.98	7.20	157.84	1.20

续表

市（自治州）	年份	降水量/mm	亩均产值/元	支付意愿	承受能力/(元/亩)	承受能力/(元/m³)
黔东南	2025	1407.90	1279.03	8.10	247.96	1.77
	2030	1407.90	1632.40	7.57	295.72	2.11
	2035	1407.90	2083.41	7.08	352.68	2.52
黔南	2025	1296.18	1204.25	8.46	350.90	2.51
	2030	1296.18	1536.96	7.90	418.48	2.99
	2035	1296.18	1961.59	7.38	499.08	3.56

2. 经济作物水价承受能力预测

2025 年贵州省经济作物水价承受能力在 1.2～3.11 元/m^3；2030 年在 1.43～3.70 元/m^3；2035 年在 1.71～4.42 元/m^3，承受能力最大的是黔南州，最小的是六盘水市。2025 年、2030 年和 2035 年经济作物承受能力预测见表 7-11。

表 7-11　　2025 年、2030 年和 2035 年经济作物承受能力预测

市（自治州）	年份	降水量/mm	亩均产值/元	支付意愿	承受能力/(元/亩)	承受能力/(元/m³)
贵阳	2025	1095.70	3015.56	6.90	208.19	1.49
	2030	1095.70	3848.70	6.45	248.28	1.77
	2035	1095.70	4912.03	6.03	296.10	2.11
六盘水	2025	1315.80	2429.30	6.92	168.21	1.20
	2030	1315.80	3100.48	6.47	200.61	1.43
	2035	1315.80	3957.08	6.05	239.25	1.71
遵义	2025	1077.00	2666.35	7.18	191.51	1.37
	2030	1077.00	3403.02	6.71	228.39	1.63
	2035	1077.00	4343.21	6.27	272.38	1.95
安顺	2025	1275.00	2815.66	6.71	188.98	1.67
	2030	1275.00	3593.57	6.27	225.37	1.99
	2035	1275.00	4586.41	5.86	268.78	2.37
毕节	2025	—	—	—	—	1.20
	2030	—	—	—	—	1.43
	2035	—	—	—	—	1.71
铜仁	2025	1216.60	3312.87	6.51	215.65	1.54
	2030	1216.60	4228.16	6.08	257.18	1.84
	2035	1216.60	5396.32	5.68	306.72	2.19

续表

市（自治州）	年份	降水量/mm	亩均产值/元	支付意愿	承受能力/(元/亩)	承受能力/(元/m³)
黔西南	2025	1273.30	3347.69	6.40	214.22	1.53
	2030	1273.30	4272.59	5.98	255.48	1.82
	2035	1273.30	5453.03	5.59	304.68	2.18
黔东南	2025	1407.90	4281.50	5.79	247.96	2.19
	2030	1407.90	5464.40	5.41	295.72	2.62
	2035	1407.90	6974.12	5.06	352.68	3.12
黔南	2025	1296.18	6682.40	5.25	350.90	3.11
	2030	1296.18	8528.62	4.91	418.48	3.70
	2035	1296.18	10884.92	4.59	499.08	4.42

7.4 水价调价空间分析

7.4.1 居民现状及未来水价调价空间

1. 城镇居民现状及未来水价调价空间

城镇的调价空间比农村的调价空间大，毕节市的调价空间最大，且各市的调价空间均在70%以上，贵州省各市（自治州）调价空间均较大。

按照非农业供水上、下游水价联动公式计算水利工程终端水价调价空间，得

终端水价调价空间＝水利工程水价调价空间×(1＋管网漏损率)×(1＋增值税税率)

根据贵州省统计情况，全省城镇供水管网漏损率取11%，增值税税率取3%。城镇居民现状及未来水价调价空间见表7－12。

表 7－12　城镇居民现状及未来水价调价空间

市（自治州）	年份	现状供水价格/(元/m³)	承受能力/(元/m³)	终端水价调价空间/(元/m³)	空间比例/%	水利工程水价调价空间/(元/m³)
贵阳	2019	1.82	4.36	2.54	140	2.24
	2025	1.82	4.45	2.63	145	2.32
	2030	1.82	4.65	2.83	155	2.50
	2035	1.82	4.87	3.05	168	2.69

续表

市（自治州）	年份	现状供水价格/(元/m³)	承受能力/(元/m³)	终端水价调价空间/(元/m³)	空间比例/%	水利工程水价调价空间/(元/m³)
六盘水	2019	2.70	4.6	1.9	70	1.68
	2025	2.70	4.38	1.68	62	1.48
	2030	2.70	4.58	1.88	70	1.66
	2035	2.70	4.79	2.09	77	1.84
遵义	2019	2.80	4.4	1.6	57	1.41
	2025	2.80	4.41	1.61	58	1.42
	2030	2.80	4.61	1.81	65	1.60
	2035	2.80	4.82	2.02	72	1.78
安顺	2019	2.75	4.58	1.83	67	1.62
	2025	2.75	4.33	1.58	57	1.39
	2030	2.75	4.5	1.75	64	1.54
	2035	2.75	4.68	1.93	70	1.70
毕节	2019	2.30	4.66	2.36	103	2.08
	2025	2.30	4.34	2.04	89	1.80
	2030	2.30	4.51	2.21	96	1.95
	2035	2.30	4.68	2.38	103	2.10
铜仁	2019	2.70	4.42	1.72	64	1.52
	2025	2.70	4.36	1.66	61	1.47
	2030	2.70	4.56	1.86	69	1.64
	2035	2.70	4.77	2.07	77	1.83
黔西南	2019	1.80	4.52	2.72	151	2.40
	2025	1.80	4.38	2.58	143	2.28
	2030	1.80	4.58	2.78	154	2.45
	2035	1.80	4.79	2.99	166	2.64
黔东南	2019	2.15	4.58	2.43	113	2.14
	2025	2.15	4.34	2.19	102	1.93
	2030	2.15	4.52	2.37	110	2.09
	2035	2.15	4.7	2.55	119	2.25
黔南	2019	2.30	4.53	2.23	97	1.97
	2025	2.30	4.36	2.06	90	1.82
	2030	2.30	4.54	2.24	97	1.98
	2035	2.30	4.72	2.42	105	2.14

2. 农村居民现状及未来水价调价空间

根据预测农村居民水价承受能力，计算现状及未来农村居民水价调价空间，见表7-13。

表7-13　　农村居民现状及未来水价调价空间

市（自治州）	年份	现状供水价格/(元/m^3)	承受能力/(元/m^3)	终端水价调价空间/(元/m^3)	空间比例/%	水利工程水价调价空间/(元/m^3)
贵阳	2019	1.82	4.04	2.22	122	1.93
	2025	1.82	4.28	2.46	135	2.14
	2030	1.82	4.48	2.66	146	2.31
	2035	1.82	4.68	2.86	157	2.49
六盘水	2019	2.70	4.11	1.41	52	1.23
	2025	2.70	4.07	1.37	51	1.19
	2030	2.70	4.25	1.55	58	1.35
	2035	2.70	4.45	1.75	65	1.52
遵义	2019	2.80	4.00	1.20	43	1.04
	2025	2.80	4.16	1.36	49	1.18
	2030	2.80	4.35	1.55	56	1.35
	2035	2.80	4.56	1.76	63	1.53
安顺	2019	2.75	4.10	1.35	49	1.17
	2025	2.75	4.06	1.31	47	1.14
	2030	2.75	4.24	1.49	54	1.30
	2035	2.75	4.43	1.68	61	1.46
毕节	2019	2.30	4.14	1.84	80	1.60
	2025	2.30	4.03	1.73	75	1.50
	2030	2.30	4.21	1.91	83	1.66
	2035	2.30	4.40	2.10	91	1.83
铜仁	2019	2.70	3.93	1.23	46	1.07
	2025	2.70	4.03	1.33	49	1.16
	2030	2.70	4.22	1.52	56	1.32
	2035	2.70	4.41	1.71	63	1.49
黔西南	2019	1.80	4.02	2.22	124	1.93
	2025	1.80	4.05	2.25	125	1.96
	2030	1.80	4.23	2.43	135	2.11
	2035	1.80	4.43	2.63	146	2.29

续表

市（自治州）	年份	现状供水价格/(元/m³)	承受能力/(元/m³)	终端水价调价空间/(元/m³)	空间比例/%	水利工程水价调价空间/(元/m³)
黔东南	2019	2.15	4.07	1.92	89	1.67
	2025	2.15	4.03	1.88	88	1.63
	2030	2.15	4.22	2.07	96	1.80
	2035	2.15	4.41	2.26	105	1.97
黔南	2019	2.30	4.08	1.78	77	1.55
	2025	2.30	4.10	1.80	78	1.57
	2030	2.30	4.29	1.99	87	1.73
	2035	2.30	4.49	2.19	95	1.90

根据贵州省统计情况，全省农村供水管网漏损率取15%，农村居民供水按照不计增值税计算。

7.4.2 工业水价现状及未来调价空间

根据预测工业水价承受能力，计算现状及未来工业水价调价空间，见表7－14。

表7－14　　工业现状及未来水价调价空间

市（自治州）	年份	承受能力/(元/m³)	实际水价/(元/m³)	终端水价调价空间/(元/m³)	空间比例/%	水利工程水价调价空间/(元/m³)
贵阳	2019	10.36	4.04	6.32	156.0	5.59
	2025	10.19	4.04	6.15	152.1	5.44
	2030	11.58	4.04	7.54	186.5	6.67
	2035	13.15	4.04	9.11	225.6	8.06
六盘水	2019	5.92	4.10	1.82	44.4	1.61
	2025	9.46	4.10	5.36	130.7	4.74
	2030	10.75	4.10	6.65	162.2	5.88
	2035	12.21	4.10	8.11	197.9	7.18
遵义	2019	13.11	4.05	9.06	223.8	8.02
	2025	7.02	4.05	2.97	73.2	2.63
	2030	7.97	4.05	3.92	96.8	3.47
	2035	9.06	4.05	5.01	123.7	4.43

续表

市（自治州）	年份	承受能力/(元/m³)	实际水价/(元/m³)	终端水价调价空间/(元/m³)	空间比例/%	水利工程水价调价空间/(元/m³)
安顺	2019	4.44	4.13	0.31	7.4	0.27
	2025	9.46	4.13	5.33	129.0	4.72
	2030	10.75	4.13	6.62	160.3	5.86
	2035	12.21	4.13	8.08	195.8	7.15
毕节	2019	4.30	3.70	0.60	16.3	0.53
	2025	9.46	3.70	5.76	155.7	5.10
	2030	10.75	3.70	7.05	190.5	6.24
	2035	12.21	3.70	8.51	230.1	7.53
铜仁	2019	5.52	4.05	1.47	36.3	1.30
	2025	9.46	4.05	5.41	133.6	4.79
	2030	10.75	4.05	6.70	165.4	5.93
	2035	12.21	4.05	8.16	201.6	7.22
黔西南	2019	7.55	2.40	5.15	214.7	4.56
	2025	9.46	2.40	7.06	294.1	6.25
	2030	10.75	2.40	8.35	347.9	7.39
	2035	12.21	2.40	9.81	409.0	8.68
黔东南	2019	3.39	3.00	0.39	13.0	0.35
	2025	9.46	3.00	6.46	215.3	5.72
	2030	10.75	3.00	7.75	258.3	6.86
	2035	12.21	3.00	9.21	307.2	8.15
黔南	2019	8.94	4.80	4.14	86.2	3.66
	2025	9.46	4.80	4.66	97.1	4.12
	2030	10.75	4.80	5.95	123.9	5.27
	2035	12.21	4.80	7.41	154.5	6.56

根据贵州省统计情况，工业供水按照城镇供水管网漏损率取 11%，增值税税率按照 3%计算。

7.4.3 农业水价调价空间

1. 粮食作物现状及未来水价调价空间

根据预测粮食作物水价承受能力，计算粮食作物水价调价空间，见表 7-15。各市（自治州）现状及未来调价空间各异，较现状水价水平而言，各市（自治州）调价空间较大。

表 7-15　　粮食作物现状及未来水价调价空间

市（自治州）	年份	承受能力/(元/m³)	终端水价/(元/m³)	终端水价调价空间/(元/m³)	水利工程水价调价空间/(元/m³)
贵阳	2019	0.72	0.60	0.12	0.06
	2025	0.93	0.60	0.33	0.16
	2030	1.10	0.60	0.50	0.24
	2035	1.32	0.60	0.72	0.35
六盘水	2019	0.51	0.60	0.00	0.00
	2025	0.66	0.60	0.06	0.03
	2030	0.78	0.60	0.18	0.09
	2035	0.93	0.60	0.33	0.16
遵义	2019	0.60	0.264	0.34	0.16
	2025	0.76	0.264	0.50	0.24
	2030	0.91	0.264	0.65	0.31
	2035	1.08	0.264	0.82	0.40
安顺	2019	0.72	0.08	0.64	0.31
	2025	1.21	0.08	1.13	0.55
	2030	1.44	0.08	1.36	0.66
	2035	1.71	0.08	1.63	0.79
毕节	2019	0.62	0.55	0.07	0.03
	2025	0.66	0.55	0.11	0.05
	2030	0.78	0.55	0.23	0.11
	2035	0.93	0.55	0.38	0.18
铜仁	2019	0.54	0.30	0.24	0.12
	2025	0.80	0.30	0.50	0.24
	2030	0.95	0.30	0.65	0.32
	2035	1.14	0.30	0.84	0.41
黔西南	2019	0.66	0.16	0.50	0.24
	2025	0.85	0.16	0.69	0.34
	2030	1.01	0.16	0.85	0.41
	2035	1.20	0.16	1.04	0.51
黔东南	2019	0.60	0.40	0.20	0.10
	2025	1.77	0.40	1.37	0.67
	2030	2.11	0.40	1.71	0.83
	2035	2.52	0.40	2.12	1.03

续表

市（自治州）	年份	承受能力/（元/m³）	终端水价/（元/m³）	终端水价调价空间/（元/m³）	水利工程水价调价空间/（元/m³）
黔南	2019	0.59	0.30	0.29	0.14
	2025	2.51	0.30	2.21	1.07
	2030	2.99	0.30	2.69	1.31
	2035	3.56	0.30	3.26	1.58

按照农业供水上下游水价联动公式计算水利工程水价调价空间。

农业终端水价调价空间＝水利工程农业供水水价调价空间/灌溉水利用系数

根据贵州省水科院测算数据，2020 年全省平均农业灌溉水利用系数为 0.486。

2. 经济作物现状及未来水价调价空间

根据预测经济作物水价承受能力，计算经济作物水价调价空间，见表 7－16。

表 7－16　经济作物现状及未来水价调价空间

市（自治州）	年份	承受能力/（元/m³）	终端水价/（元/m³）	终端水价调价空间/（元/m³）	水利工程水价调价空间/（元/m³）
贵阳	2019	1.16	0.60	0.56	0.27
	2025	1.49	0.60	0.89	0.43
	2030	1.77	0.60	1.17	0.57
	2035	2.11	0.60	1.51	0.73
六盘水	2019	0.94	0.60	0.00	0.00
	2025	1.20	0.60	0.60	0.29
	2030	1.43	0.60	0.83	0.40
	2035	1.71	0.60	1.11	0.54
遵义	2019	1.07	0.26	0.81	0.39
	2025	1.37	0.26	1.11	0.54
	2030	1.63	0.26	1.37	0.66
	2035	1.95	0.26	1.69	0.82
安顺	2019	1.23	0.08	1.15	0.56
	2025	1.67	0.08	1.59	0.77
	2030	1.99	0.08	1.91	0.93
	2035	2.37	0.08	2.29	1.11

续表

市（自治州）	年份	承受能力/(元/m^3)	终端水价/(元/m^3)	终端水价调价空间/(元/m^3)	水利工程水价调价空间/(元/m^3)
毕节	2019	0.94	0.55	0.39	0.19
	2025	1.20	0.55	0.65	0.32
	2030	1.43	0.55	0.88	0.43
	2035	1.71	0.55	1.16	0.56
铜仁	2019	1.20	0.30	0.90	0.44
	2025	1.54	0.30	1.24	0.60
	2030	1.84	0.30	1.54	0.75
	2035	2.19	0.30	1.89	0.92
黔西南	2019	1.20	0.16	1.04	0.51
	2025	1.53	0.16	1.37	0.67
	2030	1.82	0.16	1.66	0.81
	2035	2.18	0.16	2.02	0.98
黔东南	2019	1.78	0.40	1.38	0.67
	2025	2.19	0.40	1.79	0.87
	2030	2.62	0.40	2.22	1.08
	2035	3.12	0.40	2.72	1.32
黔南	2019	2.50	0.30	2.20	1.07
	2025	3.11	0.30	2.81	1.37
	2030	3.70	0.30	3.40	1.65
	2035	4.42	0.30	4.12	2.00

7.5 本 章 小 结

对农业灌溉水价、居民水价及非居民水价承受能力计算方法进行了介绍，在此基础上分析计算了贵州省现状水平下的水价承受能力，并对2025年、2030年和2035年水价承受能力进行了预测，进一步对不同水平年各市（自治州）的粮食作物、经济作物、城镇居民、农村居民以及非居民的水价承受能力进行计算，结果表明：

（1）城镇水价承受能力在4～5元/m^3，农村水价承受能力均在3.0～4.0元/m^3，城镇居民水价承受能力略高于农村居民；工业水价承受能力不尽相同，最高的遵义市达13.11元/m^3，最小的黔南州为3.39元/m^3；粮食作物水价承受能力在0.55～0.75元/m^3，经济作物水价承受能力在0.92～2.3元/m^3。

（2）在2025年、2030年和2035年的未来情景下，城镇及农村居民水价承受能力变化不大，基本维持在4～5元/m^3；工业水价较现状水平有所变化，各市（自治州）差异缩小，全省承受能力保持在9～12元/m^3；粮食作物水价承受能力在2025年、2030年和2035年分别达到0.66～2.51元/m^3、0.78～2.99元/m^3、0.93～3.56元/m^3，经济作物水价承受能力则分别达到1.2～3.11元/m^3、1.43～3.70元/m^3、1.71～4.42元/m^3。

（3）现状年及未来水价调价空间数据结果表明，除个别市（自治州）外，居民、工业和农业均具有充分的调价空间，且随着经济发展，未来年份水价调价空间也在逐渐增加。城镇居民调价空间整体要高于农村居民调价空间。按照非农业、农业供水上下游价格联动公式，计算结果表明，全省水利工程农业供水、非农业供水均有一定的调价空间，其中城镇生活供水调价空间为1.39～2.69元/m^3，农村生活供水调价空间为1.04～2.48元/m^3，工业供水调价空间为0.27～8.68元/m^3；农业供水中，粮食作物调价空间为0～1.58元/m^3，经济作物为0～2.00元/m^3。

第8章　水价形成机制与水价体系分析

政府、供水单位和用水户的职责和权限，通过制度安排进行明确。根据问题及成因剖析，分析满足贵州省高质量发展和水利工程可持续运行的水价形成机制，在政府定价的基础上，不断扩大市场定价的范围。从体制机制方面，研究管理难、定价难的破解途径。

针对水价偏低问题，分区、分类进行调整，加快建立合理的水价体系；逐步对水利工程农业用水水价进行调整，在基础较好的行业和区域，推广实施“以城补乡、以工补农、以经补粮”。

8.1 定价理论方法

商品的市场价格通常是基于商品价值、供求平衡关系而确定，常见方法为市场价值评估法。根据评估信息来源途径的不同，市场价值评估又分为直接市场评估法和间接市场评估法。直接市场评估法主要可分为三大类：统计分析法、计量经济学法、数学规划模型法，各类方法中又可细分为更具体的计算技术；间接市场评估法以统计分析方法最为常见，具体的分析手段主要包括：机会成本法、替代成本法、旅行费用法等。

直接市场评估法也称常规市场法或物理影响的市场评价法。水作为生产要素之一，其数量和质量变化导致生产率和生产成本的变化，使产品价格和产出水平发生变化。通过直接观察水的质和量的物理变化而造成的对商品或服务的经济影响，即生产率（产出或成本）变化的方法来评估水经济价值。在无法获得水与经济活动之间直接反应关系的信息和资料时，通常采用间接途径或替代方法间接评估水经济价值。

随着经济社会的快速发展和人民群众生活质量要求的日益提高，水资源短缺已成为人类社会普遍关注的焦点。以供定需、促进节水已形成世界共识。从供求关系短边价格决定论，以供水成本定价是大多数国家供水行业供水价格制定的主要方法。大多数国家都对包括供水行业的公用事业产业采用价格管制办法。水经济价值评估方法框架如图 8－1 所示。

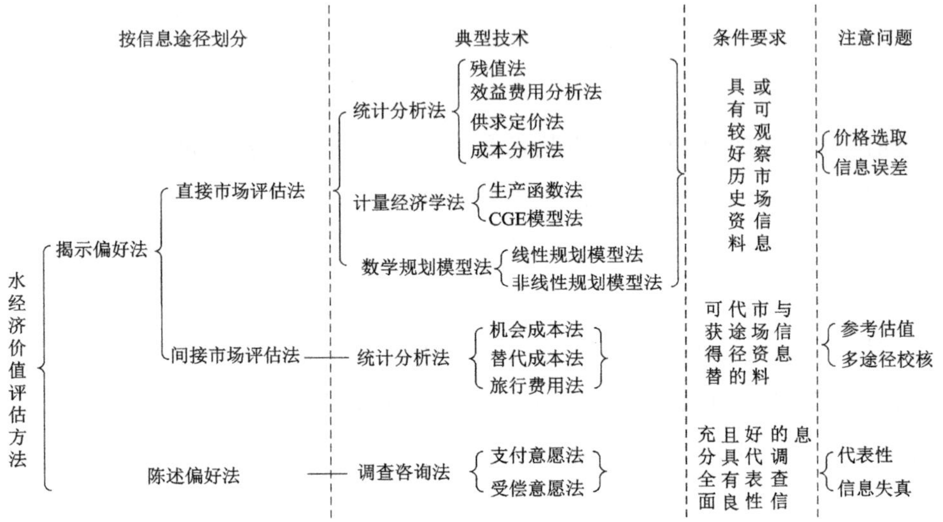

图 8－1 水经济价值评估方法框架

8.1.1 供水价格的主要定价方法

1. 按供水服务成本定价

服务成本定价是一种成本加成法，是供水等公用事业行业中常用的一种传统定价方法。服务成本包括投资成本、管理成本以及运行维护成本等用于供水生产的成本。按照这种定价方法，水价应能回收供水的全部服务成本，保证供水经营者正常运营和自我发展。这种方法是一种考虑经营者利益的“经营型”水价，当以社会平均成本作为定价基础时，能鼓励供水经营者降低个别成本，提高供水效率。

服务成本是投资与管理成本的体现。而按照服务成本核算的水价往往未能将所有的社会成本（如资源成本、环境成本等）、用水户的承受能力考虑其中。因此，按供水服务成本定价一般适用于水资源丰沛和经济发达地区的中、高收入用户，以及工商业和特殊服务行业水价的确定。

2. 按供水边际成本定价

按供水边际成本定价是一种理想的、受大家推崇的方法。边际成本是指增加一个单位供水量所引起的总供水成本的增值。按这种方法进行定价，主要反映的是供给端的供水成本。水价等于生产最后一单位供水量的成本，将供水需求增加造成的负担施加于那些引起供水需求增加的用户身上。

按供水边际成本定价有利于促进节约用水，实现帕累托资源配置效率。但这种方法应用在边际成本低于年平均成本的自然垄断行业时，容易造成企业亏损运营。当供水工程运行初期，供水能力尚未充分发挥，需水量增加，供水成本只增加运行费用的变动，在此情况下，增加单位供水量的费用低于平均成本；当供水工程满负荷运行后，如再增加供水量，则需增加供水系统的投资，边际成本将递增。边际成本核算水价较其他核算方式更为客观，但当测算条件较为复杂时，边际成本难以定量计算。

3. 按完全市场定价

价格理论认为，价格机制是市场机制中的基本机制。在一个完全竞争、不存在垄断的市场上，决定市场价格的是供给和需求。供给和需求相等时的价格称为均衡价格，这时的商品供给量和需求量称为均衡数量。均衡价格的变动受供求变动的影响：需求的增减引起价格的升降；供给的增减引起价格的升降；供求同时变动对价格的影响取决于其变动的具体情况。采用完全市场定价模式来核算水价，实际用水户能够将其用水价值与其他潜在用水价值平衡，供水价格完全取决于水市场的供求关系，价格可以随市场供求上下波动。

均衡价格分为短期均衡价格与长期均衡价格。

(1) 短期均衡价格是基于部分生产要素可调，在供给与需求的互动中形成的市场出清价格，是短期市场价格运动的中心或趋势。

(2) 长期均衡价格是所有生产要素都能调整条件下的价格，它以正常的成本为基础，如果其他条件不变，此价格将既不会导致资本的流出，也不会使新的资本流入。因此，长期均衡价格是最深层次的价格。其不仅是市场价格运动的中心或趋势，也是短期均衡价格运动的中心或趋势。主导长期均衡价格成本是正常利润。西方经济学将成本定为经济成本，其由会计成本和正常利润构成。

按完全市场定价反映了水的市场供求关系和水资源的紧缺程度，有利于供水工程投资、成本和运行管理费用的回收；有利于供水工程的正常维护与运行。

但是完全由市场来决定供水价格，没有考虑用水户的承受能力，不利于水价的执行与社会稳定。而且，基于水权合理分配与交易的完备水市场尚不成熟，适应条件尚不具备。

4. 按供水全成本定价

全成本定价是一种基于可持续发展理念确定水价的方法。全成本定价通过把全部外部成本（包括资源消耗和环境污染成本）内部化，转嫁给资源消耗和污染商品的生产者和消费者，弥合个人成本和社会成本之间的差距。全成本定价需计算所有的资源耗竭稀缺性成本和环境恶化的全部损失。

全成本的水价包括资源成本、工程成本和环境成本。

（1）资源成本是用水户需要支付的未经过水利工程或水力机械等调节处理过的天然水的价格，反映天然水的水质级差和稀缺性。

（2）工程成本是通过具体的或抽象的物化劳动把资源水变成产品水，进入市场成为商品水所花费的代价，包括工程费（勘测、设计和施工等）、服务费（包括运行、经营、管理、维护和修理等）和资本费（利息和折旧等）的代价。

（3）环境成本是水资源开发利用活动造成生态环境功能降低的经济补偿价格，即为达到某种水质标准而付出水环境防治费的经济补偿。

按照全成本来核算水价，能充分体现水资源的稀缺价值、供水服务成本以及水环境的恢复补偿费用，是一种较完善的核算方法。该方法考虑了水价的完整构成，有利于节约用水、保护水资源和保护环境；有利于供水工程投资、成本与费用的回收；有利于工程的良性运行。不足之处在于该方法亦未考虑用水户的承受能力，而且目前关于资源成本和环境成本理论与实践尚不成熟。

我国正在全面推进生态文明建设和经济社会的高质量发展。水利工程供水价格制定过程中，应考虑全成本核算，明确水资源的利用导致生态环境扰动的损失代价和修复成本，从可持续发展战略角度体现人对自然环境的补偿以及人与人之间的代际补偿；在终端用户价格制定时，根据用户类别、供求关系、物价水平等具体情况，因地制宜、因时而异确定合理的价格水平。

5. 激励性价格管制

美国经济学家德姆塞茨提出了“网业分离”的运营模式，即将资金投入大的专用资产管网经营与日常生产服务运营进行分离，管网的投资、建设与维护由专门企业负责（一般委托国有企业代理）；日常生产服务运营由原有企业继续经营或通过创造一个“可竞争性”的市场环境引入潜在竞争企业进行自由竞争，负责日常经营的竞争企业只需向负责管网业务的企业缴纳一定的租金，无须再考虑沉淀成本，有利于降低成本提高经营效率和优化资源配置。公用事业产业涉及公共利益与社会福利，考虑到其特殊性，大多数国家都施行价格上限、收益上限、混合最高限价等激励性管制。以英国为例，自然垄断行业业务拆分情况见表8-1。

表8-1　英国自然垄断行业业务拆分情况

行业	自然垄断性业务	竞争性业务
电信	基础网络、本地通话	移动通信、长途电话等
电力	高压输电、低压配电	发电、售电
铁路	铁轨网络、信号设施	铁路网建设、客运、货运、列车生产等
民航	机场、航线	航空运输、航空设备生产等
邮政	分拣投递网络	快递、汇兑、报纸订阅等
自来水	自来水管道网络	自来水生产、销售等
燃气	燃气管道网络	燃气生产、存储、销售等

自然垄断企业不仅缺乏主动缩减成本的激励，也缺乏提高效率的动力，更容易受到制度因素的影响使自然垄断企业的成本上升，最终导致价格的提高。通常政府与企业之间存在信息不对称的现象。设计一种既能有效激励自然垄断企业主动缩减成本，又能弱化制度因素对企业成本的影响是自然垄断行业定价管制改革的新方向。

价格上限管制也称 $RPI-X$ 管制，最早应用于英国，是世界各国比较常用的一种价格管制方法。其原理是将管制价格和社会零售物价指数、生产效率指数相联系。英国价格上限管制（$RPI-X$）模型公式为

$$P_{t+1}=P_t(1+RPI-X)$$

式中　P_t、P_{t+1}——受管制企业的价格指数；

RPI——社会零售物价指数；

X——生产率调整因素（通常由政府规定的行业平均投资收益率表示）。

该模型的实质是在现行价格的基础上，由政府管制部门针对零售物价指数（RPI），规定一个企业的生产效率调整因素（X），价格水平的上调幅度不

得超过 $RPI-X$ 的标准，从而确定了价格的上限。如果企业希望获得较多的利润，只能通过降低成本，提高生产效率，使企业的实际生产效率高于政府规定的 X 值；如果 $RPI-X$ 为负值，则意味着受管制企业应该降低的价格水平。

$RPI-X$ 模型中，管制者与被管制者谈判的焦点是 X 值的选择。由于各产业的技术经济特点不同，因此 X 值在不同产业间存在很大的差异。英国主要产业的价格上限管制模式见表 8－2。

表 8－2　　英国主要产业的价格上限管制模式

产业		价格管制模式	X 值或 K 值/%
电力	输送环节	$RPI-X$	0（1990—1993 年）
			3（1993—1997 年）
	销售环节	$RPI-X$	0～2.5
煤气		$RPI-X+Y$	2（1987—1992 年）
			5（1992—1994 年）
			4（1994—1997 年）
电信		$RPI-X$	3（1984—1989 年）
			4.5（1989—1991 年）
			6.25（1991—1993 年）
			7.5（1993—1997 年）
自来水		$RPI+K$	平均为 5.4

考虑到技术进步的因素，各个产业的 X 值并不是一成不变的，而是随着不同产业技术水平的变化而变化。管制机构会每隔一段时间（一般为 2～3 年）重新审定 X 的取值，目的是确保运营商将技术进步和生产效率提高的成果及时返还给最终用户。

英国在对自来水、燃气等产业进行价格管制时还考虑了这些产业的产品质量对价格的影响，采取了一种类似于价格上限管制模式的 $RPI-X+Y$（或 $RPI+K$）的定价模式。自来水、燃气等产业对产品的质量有很严格的要求。质量方面的要求增加了生产这些产品的成本，加重了企业的负担。因此在对这些公用事业产业进行价格管制时要考虑这一影响。英国在对自来水产业的价格管制中采用了 $RPI+K$ 的定价模式。

$$K=Q-X$$

式中　Q——企业为达到英国有关自来水质量要求所发生的成本；

X——生产率调整因素。

这种方法的优点就是在提高企业效率的同时，也有助于提高企业的产品质量。

价格上限管制在弱化制度因素影响方面也同样优于投资回报率管制和成本加成定价方式。激励性管制将是未来自然垄断行业管制改革的大方向。我国大多数市政公用事业的价格制定采用投资回报率价格监管的方法。公用事业改革的本质是提高生产企业的效率，降低产品价格，提高社会福利。因此，今后应当更多地采用激励性价格监管方法，促进企业提高效率。

根据水利工程供水组成环节的特点以及供水对象的性质，对于投资易收回、易于多方企业进入通过竞争降低成本和提高效率的制水与供水服务运营环节，包括自来水生产、水质处理、管网维护、终端供水服务等，有利于降低成本提高经营效率和优化资源配置；对于非公益公用性质的供水均可纳入供水行业竞争性环节，可完全放开市场，实行市场定价，通过加强监督规范管理，防止恶意竞争。

8.1.2 全成本供水价格约束定价法

全成本供水价格约束定价法是一种全面考虑政府维护的公共利益、生产供给方利益、用户需求方利益及承受能力的反映可持续发展原则的供水价格制定方法。

1. 基本定价技术

水资源具有一般自然资源的多元功能和价值特性，属于稀缺性资源，开发利用水资源进行经济社会供水的活动，既涉及生态环境保护可持续利用要求，也关乎现状经济社会发展的经济利益、利用效率和消费者权益等。因此，水利工程供水价格应反映开发利用水资源的各方面。从水利工程供水价格形成的产业链分析，水利工程供水包括生产、经营、消费三个环节，终端价格的形成是各环节成本、价格和价值的传导叠加。从可持续发展的角度并借鉴国际相关成功经验，水利工程价格应采用全成本定价，即

全成本水价＝水资源公益权租税＋原水费＋制水成本＋运营销售成本＋供水企业利润＋税金（包括排污税）

考虑到全民的长远公共利益、企业经营的积极性以及用户的承受能力，采用价格上限约束的管制，称为全成本约束价格。调价原则为

当期水价=上期水价×(1+当期价格社会零售物价指数+对应水质级别要求的处理成本递增指数-供水行业当期平均收益率)

财政补贴=当期全成本水价-当期实际水价

(1) 第 i 类用户的价格上限≤第 i 类用户的承受能力。

(2) 第 i 类用户的用水量(基本水价)≤第 i 类用户的基本用水权定额,否则实施累进加价。

计算式为

$$\begin{cases} P_0 = V^0 + C_K + C_m + C_o + r + T \\ P_{t+1} = P_t(1 + RPI + CI_Q - R) \\ FP = P_0 - P_{t+1} \\ P_{t+1}^i \leqslant AP^i, Q^i \leqslant Q_0^i \end{cases}$$

式中 P_0——终端完全成本价格;

V^0——水资源公益权租税;

C_K——原水费;

C_m——制水成本;

C_o——运营销售成本;

r——供水企业利润;

T——税金(包括排污税);

P_{t+1}——当期价格(根据社会承受能力确定的价格上限);

P_t——上期价格;

RPI——当期价格社会零售物价指数;

CI_Q——对应水质级别要求的处理成本递增指数(体现保证水质的级差成本);

R——供水行业当期平均收益率(有利于促进单个企业提高生产率,赢得更多盈利空间);

FP——财政补贴;

P_{t+1}^i——第 i 类用户的价格上限;

AP^i——第 i 类用户的承受能力;

Q^i——第 i 类用户的用水量;

Q_0^i——第 i 类用户的基本用水权定额。

水资源公益权租税主要反映了：①全民所有权权益的级差地租，是国家作为全民所有的代表，对水资源开发利用进行管理，维护公共利益、保护生态环境以及保障代际平衡的可持续发展目标，并能体现不同水质级差目标，由此而体现公众长远公共福利和警示取用水人必须负担的社会责任；②水资源稀缺性的差别税收，从源端对自然垄断的自然水资源以取水许可方式（产权配置）进行取用水行政管制，通过对不同水质不同用户收取差别水资源税（费），调节经济社会供需关系。

原水费通过兴建水利工程、调蓄输送水资源提供给制配水水厂等所体现的成本费用。大型水利工程通常由于投资大、建设与回收期长，形成专用性资产，会产生巨大的沉没成本，具有显著的经营性风险，是许多企业进入市场的经济壁垒。因此，该部分专用性资产是保障国计民生的重要基础，应作为自然垄断性资产，由政府掌握拥有，委托专门的国有企业管理，该部分费用收费标准要求体现社会福利，一般应低于实际投入成本。

制水成本是把用水进行加工处理成水质合格的产品水所投入的费用，可体现不同水质产品的级差成本。产品水生产的环节，可加快引入市场竞争机制，培育真正的市场竞争主体，通过市场中的潜在竞争来迫使竞争性企业降低价格、缩减成本和提高效率。

运营销售成本是企业把产品水通过输配水通道销售给终端用户过程中发生的全部费用。该环节可同样引进竞争，促进降低成本与提高优化配置效率。由于涉及大规模的输水管网建设，形成投资巨大、回收期长的专用性资产，一旦形成也难以转为它用，会造成较大的沉没成本，在显著的沉淀成本无法补偿的情况下，会造成较大的经营风险，企业只能通过提高价格来加快回收沉淀成本以抵御未来可能的不确定性。因此，该部分专用性资产同大中型蓄水工程一样，体现社会公众福利，管网的投资、建设与维护可由专门的国有垄断性企业负责，可一并体现在原水费中，担负竞争性业务的制水供水经营部门可租用专用管网，只需向负责管网业务的企业缴纳一定的租金，避免经营风险。管网可以为多家企业共同服务，既减少了各企业的成本，也提高了资源的利用效率。

供水企业利润是企业生产效率的表征。我国大多数市政公用事业的价格制定采用投资回报率价格监管的方法，若采取价格上限科学的管制手段，可放开该指标的监管，在行业社会平均生产水平确定的条件下，有利于促进自由竞争企业减低成本、降低价格、提高效率、提高质量和市场竞争力，有益于消费者受惠，提升消费者剩余。

税金（包括排污税）是指供水企业应缴纳的生产服务经营税、生产经营造成的外部负效应（排污）税以及代收的消费者排污税（污水处理费）。

财政补贴是指为全成本价格与可承受能力价格或限制价格额上限的差额，一般对垄断性业务（供给侧）或对弱势群体用户（需求侧）进行补贴。

税收与价格水平确定要属地化管理，既要体现当地的利益也体现受益者必须担当的责任和成本。税收与水价要体现对不同水源不同用户的差别化计征标准。价格的制定程序要尽可能简化、透明，易于操作，减少管制成本、委托代理成本和社会成本，提高管理效率。

根据不同的供水对象，制定差别水价征收制度。

水价的计价模式包括单一定价法、阶梯水价法和“两部制”水价法。考虑到我国水资源具有短缺性特点，多建议采用阶梯水价法，保障基本用水，抑制超定额用水，鼓励节水，多用水多缴费。

2. 农饮水供水价格定价方法

在农村（特别是经济欠发达地区），小型自饮水设施、农村饮水供水蓄水工程和管网建设的制水、供水业务可引入竞争机制，鼓励民营企业加入竞争，激活市场、提高竞争性业务端的供水效率和服务质量。制水供水竞争性业务经营企业可交付一定租金，以维持公共管网正常运营的费用，可计入企业终端用水的成本价格。为提高企业生产经营的积极性，具备经营资质的公司可参与竞争，按照市场供水状况定价，在考虑到其承受能力的基础上，对基本用水权份额的终端用户价格采取价格上限管制，分不同人群制定阶梯价格，促进消费者节水。按照全成本定价原则确定终端用户全成本价格，考虑行业平均利润率、零售物价指数和用户承受能力确定价格管制上限，全成本价格与价格管制上限差额实行合理补贴，计算式为

$$\begin{cases} P_0 = V^0 + C_K + C_m + C_o + r + T \\ P_{t+1} = P_t(1 + RPI + CI_Q - R) \\ FP = P_0 - P_{t+1}^{i0} \\ P_{t+1}^{i0} \leqslant AP^i, \qquad Q^i \leqslant Q_0^i\text{（基本水价）} \\ P_{t+1}^{ik} = (1+\delta_k)P_{t+1}^i, \quad Q^i > Q_0^i\text{（阶梯水价）} \end{cases}$$

式中 C_K——垄断性资产的租金，包括调蓄水工程与输配水管网的设施日常运营维护费；

P_{t+1}^{i0}——第 i 类用户基本用水权份额内的价格；

P_{t+1}^{ik}——不同阶梯的水价；

δ_k——阶梯系数；

其他符号意义同前。

补贴体现在垄断性资产委托代理方以及基本用水权保障的用户，提倡采取激励性补贴政策，可借鉴超市购物小票打印内容方式，在水费收取凭据小票（包括电子票）中列清全成本明细以及补贴（优惠）明细。

3. 农业生产用水定价方法

农业生产用水主要包括粮食生产、经济作物种植、养殖业用水。同样，遵循可持续发展的原则，采取全成本定价法，针对不同用户通过价格上限管制与激励性补贴，既体现竞争性业务经营者的利益，也体现考虑承受能力的消费者权益保护，计算式为

$$\begin{cases} P_0 = V^0 + C_K + C_o + r + T \\ P_0^i \leqslant AP^i, & Q^i \leqslant Q_0^i\text{（基本水价）} \\ P_0^{ik} = (1+\delta_k)P_0^i, & Q^i > Q_0^i\text{（阶梯水价）} \\ FP = P_0 - P_0^i \end{cases}$$

式中 P_0^i——第 i 类用户基本用水权份额内的终端供水价格，应小于该类用户的承受能力，尤其是粮食生产用户；

P_0^{ik}——第 i 类用户超定额的终端供水价格；

其他符号意义同前。

V^0、C_K、T 均为主要补贴。其中，如地方财政许可，C_K 可综合考虑社会管理成本、交易成本与基本供水效率给予部分或全部减免；对于 V^0、T，除非对特殊困难用户可通过直补形式给予全额补贴外，一般用户不应全免，即使考虑贫困地区的用户承受能力，在收费凭单中也要标明应交与优惠数额。农业生产供水补贴环节应放到终端即对用水户的补贴，改现行按亩补贴为按产量给予补贴，以此鼓励农户增加生产和供给。

农业生产用水基本不存在制水成本，主要是供水服务成本。因此，全成本价格公式可以省却制水成本 C_m 这一项，供水服务包括调蓄水工程、输配水设

施维护正常运转以及终端供水服务均可引入竞争，包括国有垄断企业和民营企业，激活经营活力，降低成本、提高服务质量和效率。通过财务成本监审和取水许可管制措施，保障社会公共福利。

4. 经营性用户

工业（包括纯净水生产经营）、商业服务业供水，可完全采取市场供需平衡定价法，反映供水全成本的内容，但水资源的租税和排污税不能免，必须全额缴纳，制水供水竞争性业务全面采取市场定价法。并行取水许可的产权配置与生产经营财务成本监审等行政管制制度，保障可持续发展的社会长远福利。对急需鼓励发展的行业用水，可采取财政直补制度予以体现，计算式为

$$P_0=V^0+C_K+C_m+C_o+r+T$$

式中符号意义同前。

8.1.3 “两部制”水价计价模式

“两部制”定价是成本分摊定价的一种形式，它包含两个部分：第一个部分是基于上报的用水计划或供水设计要求保障正常供水的供水工程正常运营基础费用需要、定期（按月、半年或年）支付的“基本费”，不论消费者的消费量如何，都要交这笔固定费用；第二个部分是按使用量支付的“从量费”，按高出基本水费包含的基本允许使用量的多出使用量部分另外收取的费用。因此，“两部制”定价实际上是固定收费与从量收费的合一。

我国目前水利工程供水生产成本费用中固定成本费用占的比重大，如果完全按照基本水费补偿固定成本费用，计量水费补偿变动成本，则基本水价要远高于计量水价的水平，这样既不易被用水户接受，节约用水效果也不明显。从我国实行“两部制”水价制度的现状来看，基本水价和计量水价相结合的“两部制”水价通用模式为：基本水费与基本水量挂钩，所谓“挂钩”，就是供水经营者向用水户收取基本水费，需向用水户提供相应的基本水量，当实际用水超过基本水量后，用水户再按超过的水量和计量水价缴纳计量水费。大型调水水利工程与大中型灌区供水工程均适宜采用“两部制”计价模式。

供水工程长期稳定发挥效益的关键是供水的耗费能得到足额、及时、均衡的补偿。工程供水生产和交换受降水随机性的制约，一般用水户在不同季节、不同时段的用水需求变化较大，在实行单一制计价的情况下，在供水量较大的

时段，用水户的水费负担较重，在供水量较小的时段，供水经营者的水费收入又不足以弥补基本运行费用，这种不均衡性往往造成供水经营者在部分年份或年度内部分季节水费收入不足以满足供水生产的需要，不利于工程的正常维修养护和正常运行，从而不利于工程长期稳定地发挥供水效益。“两部制”水价制度能使用水户在丰枯年度（或丰枯季节）均衡负担水费，使供水工程正常运营费用有基本保证。

按照可持续发展原则，水价的制定必须保证工程供水管理单位的可持续运行。实行单一制水价结构在丰水期与枯水期都不利于工程供水管理单位的成本回收。实行“两部制”水价，供水经营者收取了基本水费，这在一定程度上可缓解财务收入不稳定，对保障供水单位的正常运行和工程养护维修创造了基本条件，进而实现水利工程的可持续运行，保障水资源可持续利用，从而支撑和保障社会经济乃至整个国家全面协调可持续发展，从长远角度来看，供用水双方乃至整个国民经济都受益，否则，工程效益难以发挥，直接受损失的还是用水户，工程失修恢复付出的代价会更大。

“两部制”水价的构成为容量水价和计量水价。

“两部制”水价构成模式如图 8－2 所示。

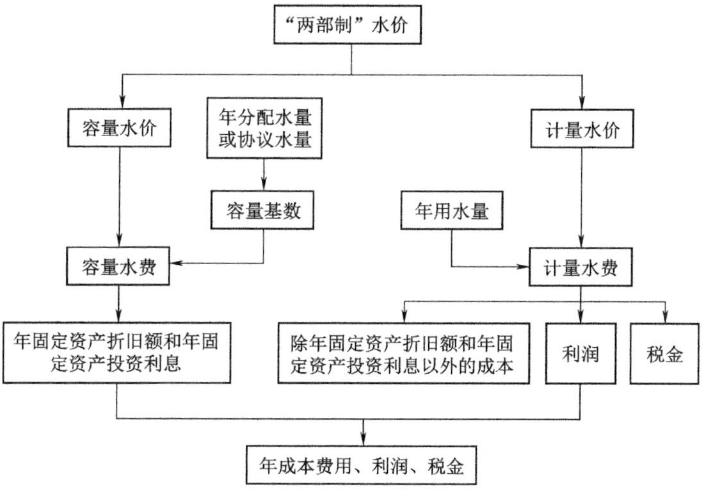

图 8－2 “两部制”水价构成模式

城市供水应逐步实行容量水价和计量水价相结合的“两部制”水价或阶梯式计量水价。容量水价用于补偿供水的固定资产成本。计量水价用于补偿供水的运营成本。

“两部制”水价计算式为

（1）“两部制”水价＝容量水价＋计量水价。

“两部制”水费＝容量水费＋计量水费。

（2）容量水费＝容量基价×每户容量基数。

（3）容量水价＝(年固定资产折旧额＋年固定资产投资利息)/年制水能力。

（4）居民生活用水容量水价基数＝每户平均人口×每人每月计划平均消费量。

（5）非居民生活用水容量水价基数为：前一年或前三年的平均用水量，新用水单位按审定后的用水量计算。

（6）计量水费＝计量水价×实际用水量。

（7）计量水价＝[(成本＋费用＋税金＋利润)－(年固定资产折旧额＋年固定资产投资利息)]/年实际售水量。

各地可以根据当地实际情况实行容量水价和计量水价相结合的“两部制”水价。实行“两部制”水价时，应与实行定额用水和超定额用水累进加价相衔接。

水利工程供水应逐步推行基本水价和计量水价相结合的“两部制”水价。具体实施范围和步骤由各省、自治区、直辖市价格主管部门确定。基本水价按补偿供水直接工资、管理费用和50%的折旧费、修理费的原则核定。计量水价按补偿基本水价以外的水资源费、材料费等其他成本、费用以及计入规定利润和税金的原则核定。各类用水均应实行定额管理，超定额用水实行累进加价。超定额加价办法由有管理权限的价格主管部门会同水行政主管部门确定。水利工程供水实行计量收费。实行“两部制”水价的水利工程，基本水费按用水户的用水需求量或工程供水容量收取，计量水费按计量点的实际供水量收取。

8.1.4 水利工程供水价格激励性管制制度

水利工程供水利用的是涉及全民长远利益的国有自然资源，涉及易形成显著沉没成本的专用性资产投入，归属于自然垄断性行业和业务，是保障社会福利的根本基础。为了激励生产经营的积极性，促进生产经营服务质量提升、降低生产服务成本和社会管理与交易成本，促进水资源的优化配置，国际上普遍采取了把生产经营服务作为竞争性业务，引入竞争，激活市场，建立多元的混合产权结构。对于具有很强垄断性的部分，可以成立政府控股的股份制水利工程供水管网公司，通过特许投标的方式确定经营者，选择优质建设企业，优化建设成本。对于供水运营具有竞争性的部分，可引入多家企业竞争性经营，引入价格上限规制和区域间竞争规制等激励性机制。通过竞争机制的引入，更好地提高市场绩效，更有效地发挥其在资源配置中的基础性作用。

水利工程供水定价既要全面反映政府、企业和消费者三者代表的权益和义务，又要从产品水生产经营产业链反映成本价格传导过程及内容，并行体现垄断性业务与竞争性业务的双赢目标，全成本约束价格集国内外实践成功的经验与失败的教训，较好地反映了以上多重目标和内容。但价格构成内容的科学合理确定和落实，还需要相关的制度给予支撑和保障。

(1) 在思维理念上，要完成由“市场-政府”简单两分法向“市场-制度-政府”三位一体的思维理念转变；在方式方法上，要突破传统的新古典经济学方法，将制度因素由外生变量转变为内生变量，注重完善在自然垄断行业定价管制中的相关制度安排。具体来说，如果市场能够解决自然垄断行业的定价难题，那政府无需管制。如果市场失灵，政府也未必需要管制，而是应注重完善相关制度安排，减少或弱化制度因素对自然垄断行业的影响。最后才应该是定价管制方法的设计。

(2) 在完善自然垄断行业定价管制方面，采取措施如下：

1) 应积极创造一个“可竞争性”的市场环境，通过市场中的潜在竞争来迫使在位自然垄断企业降低价格、缩减成本和提高效率，此时政府应放松管制。

2) 要大力推进自然垄断国有企业的混合所有制改革，建立真正有效的多元化产权结构，避免像俄罗斯以及西方国家实践中自然垄断行业大规模的私有化和放松价格管制导致的定价多头管理的混乱状态，不仅没有获得效率的提升、反而带来的是管制成本的上升和社会责任的缺失以及社会福利损失等不利现象，减少内部交易成本和代理成本，提高自然垄断国有企业的市场竞争力。

3) 要构建科学的定价管制模式，包括适时引入激励性管制、完善成本约束机制、采取分类价格管制以及加快完善价格听证会制度等。

4) 要建立健全定价管制的相关法律法规，减少交易成本和不确定性。

1. *产权分配与交易制度*

行使国家代表全民的长远利益和责任的公权力，一方面对水资源使用权实施行政许可制度，对水资源的开发利用进行管制，形成政府对市场的行政进入壁垒，防止造成过度投资浪费和资源浪费；另一方面建立完善的水权交易制度办法，鼓励交易，通过市场促进水资源合理和优化配置，水资源利用的外部成本内部化，减少政府管制成本和交易成本。

水资源具有多种功能、多重价值，水资源各种使用权之间还存在不同程度的重叠、交叉、不协调，要遵循整体与组分相结合的原则、生态化原则和可持续利用原则设定水资源使用权立体结构体系，促进水资源的合理配置和高效利用。如为有效利用水资源，可以基于水资源的不同部分设立不同的权利，基于水的经济功能，可设立取水权；基于水资源的生态功能，可设立水容量使用权。基于不同的目的，采用不同的利用方式，建立不同的水资源使用权，如同一时间段的同一水域可同时成立取水权和航运权。

2. 价格管制制度

对具有显著公益性质的自然资源利用的垄断性行业，从保护公众权益和消费者权益角度既要体现社会福利和经济可承受能力，从企业经营积极性和资源优化配置的角度也要体现激活市场的合理盈利空间，设置合理价格上限管制制度。

政府对自然垄断行业定价管制的目的就在于既要防止自然垄断企业制定垄断高价侵蚀消费者剩余（消费者剩余：消费者消费一定数量的某种商品愿意支付的最高价格与这些商品的实际市场价格之间的差额），又要保证企业拥有足够的利润来为扩大再生产而投资。对自然垄断性业务和竞争性业务应采取不同的定价管制方式。

（1）要建立完善的定期成本监审、成本监测和平均盈利率测算制度。应针对行业特点设计一套科学完整的成本计算标准，完善行业的成本约束机制，降低自然垄断企业与管制机构间的信息不对称程度，有效约束企业缩减成本，保障企业合理盈利、提高效率从而也提升了消费者剩余。

（2）要针对不同承受能力的用户供水采取分类价格管制以及完善价格听证会制度。对贫困用户和基本用水权份额内的供水采取优惠价，对用水效益高的用户在满足许可用水要求的前提下尽可能采取市场定价制度。定价必须举行价格听证会，听证会内容和细则规定必须对实践作出详尽客观的指导；强化价格听证法律法规的制度约束，明确价格主管部门与管制机构的职责范围，使其只充当价格听证会的组织者，不得利用职权干预和操纵价格听证的结果，减少其机会主义倾向，节约整个价格听证环节的交易成本；提高价格听证会参与者的广泛性，公平选取能够更好地代表各行业各阶层的消费者，让消费者充分表达自己对价格调整的意见；提高价格听证会的透明度与公正性，保证社会公众的知情权；应允许消费者提出自然垄断行业价格听证。

3. 税收制度

深化水资源产品税费改革，建立反映市场供求和能源稀缺程度、体现生态价值和代际补偿的资源有偿使用税收制度和生态补偿税收制度，调节多元利益分配和水资源的合理配置；也要建立反映排污税收制度，让水资源使用者承担排污造成的环境污染外部成本，促进节约、促进环保意识和责任的普及。对市场定价的用户采取从价计税，对实施优惠价格的用户采取从量计税。

4. 补贴制度

建立激励企业积极性和保护消费者权益的双向补贴制度。补贴的目标就是在低价时减少企业亏损保障社会福利，高价时直补弱势群体保障消费者的基本权益。补贴方式主要包括：供给侧补贴和需求方补贴。供给侧补贴可从成本控制与效率识别两方面设定政府补贴机制。衡量补贴机制是否有效的一个重要的标准就是其是否可以激励企业去主动改善自身的经营效率。政府可以运用成本核算、服务质量监督或将二者结合的方式对供水企业的补贴金额进行监督，目的是将补贴物尽其用，充分发挥其效用，从而减轻政府的财政压力，并且可以推动供水行业的发展。在确定合理财政补贴额度时，一定要通过成本监审，确定供水行业平均的生产成本，界定企业亏损的性质：政策性亏损还是经营亏损。一般只对政策性亏损进行补贴，经营性亏损不予补贴。合理确定供给侧补贴的原则可采取：以平均（合理）生产成本为基准，成本高于平均值（规定值），补贴系数下降；成本低于平均值（规定值），补贴系数提升。

政策性亏损补贴可考虑财政直补和交叉补贴（实行阶梯水价，实现以富补穷）相结合，以减轻财政负担压力。政府的补贴政策要围绕消费者，特别是其中的贫困人群展开，可以使用交叉补贴等方式对消费者进行补贴，以促进社会的公平和稳定。

5. 立法

要在法律上明确水利工程供水自然垄断行业的具体经营范围、定价管制办法、产品和服务质量以及市场准入条件等内容，为管制机构明确管制对象和范围提供法律依据。要明确相关法律的主辅地位和协调一致性，使管制机构明确执行定价管制时所依据的法律，减少管制成本和交易成本。

必须从法律的角度规范管制机构的行为，我国政府一直努力做到政企分开，提高反腐力度，严厉杜绝官商勾结等行为的发生，营造一个公平的市场竞争环境；加快政府职能转变，减少市场准入复杂行政审批手续，加快完善相关法律法规，强调政府行政行为的法律授权。

6. 监督机制

许多发达国家非常重视在公用事业建立社会监督机制，其主要政策措施就是成立专业消费者组织。例如，1986 年英国根据《煤气法》成立了“煤气消费者委员会”；1989 年，根据《自来水法》建立了“自来水顾客服务委员会”；1989 年根据《电力法》成立了 14 个电力消费者委员会。这些组织独立于政府监管机构和市政公用事业经营企业，只代表消费者利益，在保护市政公用事业的消费者利益方面发挥了广泛的作用。20 世纪 90 年代，俄罗斯政府设立了俄罗斯联邦价格监督局，结束了自然垄断行业定价多头管理的混乱状态，不仅节省了管制成本，也节省了自然垄断企业发展的交易成本。

借鉴各国的成功经验，水利工程供水定价需建立完善有效的监督机制，加快完善相关法律法规，强调政府行政行为的法律授权。

8.2 价 格 体 系

8.2.1 基本水价计算

按照现行《水利工程供水价格管理办法》和《政府制定价格成本监审办法》的规定，供水水价计算公式为

$$供水水价=(供水成本+期间费用+利润+税金)/供水量$$
$$=(供水成本+费用+利润+税金)/供水量+水资源费$$

根据《水利工程供水价格管理办法》《水利工程供水价格核算规范（试行）》等文件，水利工程供水价格由供水生产成本、费用、利润和税金构成。

农业用水价格按补偿供水生产成本、费用的原则核定，不计利润和税金。

非农业用水价格在补偿供水生产成本、费用和依法计税的基础上，按供水

净资产计提利润。

（1）利润。按照2021年中国人民银行5年以上贷款利率4.65%的基础上再加2%～3%，利润率为6.65%～7.65%，综合调查社会资本愿意投资水利工程建设的综合利润率为7%，合理利润率取7%，计算出利润。

（2）税金。水利工程供水的增值税税率建议按3%的税率进行计算。现行各项税率为城市维护建设税5%；教育费附加3%；增值税地方教育附加2%；价格调节基金0.1%。

（3）水资源费。贵州省不同供水对象水资源费征收标准见表8-3。

表8-3　　贵州省不同供水对象水资源费征收标准　　单位：元/m^3

取用水类别	城镇公共供水	特种行业用水	一般工商业	农业
水资源费	0.06	0.13	0.08	0.04

根据以上原则，贵州省不同供水对象基本水价见表8-4。

表8-4　　贵州省不同供水对象基本水价　　单位：元/m^3

序号	市（自治州）	农业水价		非农业水价	
		运行成本核算	全成本核算	运行成本核算	全成本核算
1	贵阳	0.43	0.46	0.53	0.57
2	六盘水	0.37	0.76	0.46	0.93
3	遵义	0.29	0.79	0.37	0.97
4	安顺	0.60	1.23	0.74	1.49
5	毕节	0.46	0.57	0.57	0.70
6	铜仁	0.29	0.40	0.37	0.50
7	黔西南	0.90	2.28	1.10	2.76
8	黔东南	0.63	1.10	0.77	1.34
9	黔南	0.64	1.05	0.79	1.28
全省		0.51	0.96	0.63	1.17

8.2.2 合理水价体系建议

完善差别化阶梯水价就是要建设多层次的供水价格体系，要体现区域差别（水资源稀缺程度）、水源区别、行业区别。水价体系是在供水成本核算的基础水价上，考虑水资源本底条件、水源类别和用水对象，设置合适的不同水源间的比价和不同用户间的差价关系，实现“工业盈利、生活微利、农灌保运维”

的目标。

1. 不同水源的比价关系

水利工程供水水源，可分为当地地表水、地下水、再生水和外调水等。倪红珍等构建了可计算一般均衡模型，对我国不同水源合理比价关系进行了模拟，并在天津市进行了实践应用。

模拟结果表明，水利工程供水价格，不同水源比价关系以水资源费/税的形式体现，当地地表水、当地地下水和外调水的比价关系可设置为 1：(1.5～2)：(1.0～1.5)。

根据电价、气价、“电电竞价”“气气竞价”的管理经验，对于非常规水源，实行补贴和开放竞争的政策，可实行补贴和开放竞争的水源包括再生水、矿坑水等。

2. 不同用户的差价关系

根据最严格水资源管理的目标，考虑水价的调节作用，水利工程供水用户差价关系的设置，主要考虑：①定额内粮食作物、基本生活用水等属于公益性供水，实行保本运行的水价标准；②超定额的粮食作物用水、生活用水需求，需要通过水价合理抑制，实行“成本＋准许利润”的水价标准；③经济作物、设施农业、一般工商业等产业，属于用水效益较高的行业，需要通过调整水价，适当提高水价弹性，促进行业节约用水，这些行业的用水价格应实现市场化；④高耗水工业，以及洗浴洗车高尔夫等高耗水服务业等特种行业，超定额用水进行惩罚性加价。

考虑以上因素，水利工程供水的用户的差价设置为以下几类：

(1) 行业差价。根据国内外典型调研数据及模型分析结果，综合考虑水利工程供农业和城镇生产生活的水价差价关系为

农业：城镇＝1：(5～10)

考虑水资源系数与经济系数等因素，水利工程供居民生活、一般工商行业与特殊行业水价差价，按照丰水区、平水区和缺水区的差价分别为：

1) 丰水区为 1：(1.3～2.2)：(5～6)。

2) 平水区为 1：(1.4～2.6)：(6～7)。

3) 缺水区为 1：(1.5～3)：(7～8)。

(2) 水量差价。根据不同的用户类型设置如下：

1）农村供水：采用容量水价与计量水价相结合的方式，容量水价与移动通信套餐类似，价内包含一定的水量，该水量按照区域内农村饮水安全人均水量标准计算，超过部分按照计量水费。容量水价要覆盖农村供水工程的固定成本。

2）水利工程供城市生活用水：城市生活用水水量差价采用阶梯水价制度，各城市现有阶梯设置，第一阶梯用水量太宽松，不利于促进节水。建议第一阶梯水量覆盖基本用水即可，按国际实验调查的数据每人每天 50 升计，4 口人户每月基本水量为 $6m^3$，适度放宽为 $8m^3$，第二阶梯为 $12m^3$，第三阶梯为 $16m^3$。也可采取按用户比例方法确定，第一阶梯覆盖 60％用户，第二阶梯覆盖 80％用户。

3）水利工程直供工业用水：通过设定超定额累进加价制度，根据工业企业上报的产品产量数据以及用水量数据，核定供水水费。超定额累进加价阶梯按照各地区实际情况制定。对于大型供水工程，可采取“两部制”水价＋阶梯水价的计价方式。

（3）季节差价。参考天然气价格，按照丰平枯三个季节定价。主要考虑供求关系，依水价需求弹性系数而定；如引黄工程，丰枯季节供水比价关系约为 1∶2。

（4）质量差价。主要考虑不同供水质量要求的供水成本或不同水质的用水效益差别而定。

（5）地区差价。考虑水资源系数和经济系数影响的分区域用户差价，以各省会城市的分用户平均价格为基数计算得到分用户的区域水价差别。

（6）峰谷价。根据各地区的供水特点不同，设置峰谷水价。一般按照高峰水价在基准价的基础上上浮 20％。

（7）不同供水保证率水价。根据用水户对用水保证率的不同要求，按照不同保证率设置水价。按照保障率 50％、75％和 90％三个等级，按照基准价的 25％作为阶梯设置水价。对于保证率低的可中断用水户，按照低价收取；对于保证率高要求 90％以上的用户，按照高价收取。

水利工程供水价格体系差价关系建议值见表 8－5。

8.2.3 考虑承受能力的基本水价

考虑水利工程供水水价现状及“全成本＋利润”的差距，结合用户水价承

表 8－5　　水利工程供水价格体系差价关系建议值

<table>
<tr><th>类别</th><th>具体内容</th><th colspan="3">倍　比</th></tr>
<tr><td colspan="2">农业：非农业</td><td colspan="3">1：5</td></tr>
<tr><td rowspan="3">用户差价</td><td rowspan="3">居民生活：一般工商业：特殊行业</td><td>缺水区</td><td colspan="2">1：(1.3～2.2)：(5～6)</td></tr>
<tr><td>平水区</td><td colspan="2">1：(1.4～2.6)：(6～7)</td></tr>
<tr><td>丰水区</td><td colspan="2">1：(1.5～3)：(7～8)</td></tr>
<tr><td rowspan="3">水量差价</td><td>农村供水容量水价与计量水价相结合</td><td colspan="3">采用容量水价与计量水价相结合的方式，容量水价与移动通信套餐类似，价内包含一定的水量，该水量按照区域内农村饮水安全人均水量标准计算，超过部分按照计量水费。容量水价要覆盖农村供水工程的固定成本</td></tr>
<tr><td>工业用水超定额累进加价</td><td colspan="3">根据工业企业上报的产品产量数据以及用水量数据，核定供水水费。超定额累进加价阶梯按照各地区实际情况制定</td></tr>
<tr><td>城镇生活阶梯水价</td><td colspan="3">采取累进制，丰水区级差一般小于缺水区级差</td></tr>
<tr><td>季节差价</td><td>丰、平、枯季水价差</td><td colspan="3">城市生活用水水量差价采用阶梯水价制度。建议第一阶梯覆盖60%用户，第二阶梯覆盖80%用户</td></tr>
<tr><td>质量差价</td><td>不同水质级别的供水价格差</td><td colspan="3">依供水成本而定</td></tr>
<tr><td rowspan="6">地区差价</td><td rowspan="2">经济发达：经济欠发达</td><td colspan="2">缺水区</td><td>(1.5～3)：1</td></tr>
<tr><td colspan="2">丰水区</td><td>(2～3.5)：1</td></tr>
<tr><td rowspan="4">缺水区：丰水区</td><td rowspan="2">经济发达</td><td>高耗水行业</td><td>(1.3～3)：1</td></tr>
<tr><td>其他用户</td><td>(1.5～2)：1</td></tr>
<tr><td rowspan="2">经济不发达</td><td>高耗水行业</td><td>(1.6～3.3)：1</td></tr>
<tr><td>其他用户</td><td>(1.3～2.5)：1</td></tr>
<tr><td>峰谷差价</td><td>低谷水价：高峰水价</td><td colspan="3">0.1：0.12</td></tr>
<tr><td>不同保证率差价</td><td>50%保证率水价：75%保证率水价：90%以上保证率水价</td><td colspan="3"></td></tr>
</table>

受能力和调价空间，分析可承受能力情况下的基本水价。当“全成本＋利润”水价大于承受能力时，取承受能力对应水价；当“全成本＋利润”水价小于承受能力时，取“全成本＋利润”水价。按照现有统计资料分析水利工程水价调整对终端水价的影响，根据终端水价调整空间反算水利工程水价（原水水价）调价空间（表 8－6）。

表 8-6　　贵州省考虑承受能力的基本水价　　单位：元/m³

序号	市（自治州）	农业水价		非农业水价	
		运行成本核算	全成本核算	运行成本核算	全成本核算
1	贵阳	0.41	0.41	0.53	0.57
2	六盘水	0.37	0.46	0.46	0.93
3	遵义	0.29	0.48	0.37	0.97
4	安顺	0.60	0.87	0.74	1.49
5	毕节	0.31	0.31	0.57	0.70
6	铜仁	0.29	0.40	0.37	0.50
7	黔西南	0.80	0.80	1.10	2.76
8	黔东南	0.63	1.10	0.77	1.34
9	黔南	0.64	1.05	0.79	1.28
全省		0.48	0.65	0.63	1.17

8.3 调价制度

8.3.1 水价动态调整制度

水价动态调整机制是根据用户的水价承受能力变化，动态调整水价的一种调价模式，是解决供水工程资金回流困难、难以维持运行的有效手段。水价动态调整机制，需要按照“先建机制、再调水价”的思路进行。

定期成本监审、定期成本公开是水价动态调整的先决条件，是用水方参与监督供水成本增长、化解社会对水价上涨不满情绪的有效途径，需要在这些方面先做好文章。

1. 水价动态调整机制的基本原则

实施水价动态调整机制，是根据用水户水价承受能力变化和供水单位成本变化，及时调整水价，促进供水良性运行、减轻政府负担，维持供水质量长期稳定的必要措施。

（1）以定期成本监审和成本公开制度为基础。“准许成本＋合理收益”是水价调整的核心，成本核算是社会大众、用水户最为关心的部分。水价动态调整机制，需要化解社会对调价的抵触，拓宽用水户和社会大众参与水价调整过程的途径。因此，建立定期成本监审与成本公开制度，有利于水价动态调整机制的顺利执行。

定期成本监审与成本公开制度应包含以下内容：

1）价格主管部门（具有定价权的县、县级市由本级价格主管部门负责，没有定价权的区由上级地级市价格主管部门负责）应当对城乡供水单位制定详细的成本监审办法，开展定期成本监审，并实行成本公开。

2）供水单位应当按照价格主管部门的规定，于每年 6 月底前如实提供上一年度生产经营及成本情况，并同时通过单位门户网站等指定平台公布供水业务收入、成本、具体执行价格等相关信息。并对提供资料的真实性、合法性、完整性负责。

3）价格主管部门每年 9 月底前公布监审后的各供水单位成本监审报告。

4）无正当理由拒绝、迟延提供相关资料，或者提供虚假资料的，价格主管部门责令限期改正。故意瞒报、虚报相关信息并获得不当收益的，在下一次价格校核时进行追溯。

5）定期成本监审核定的定价成本，作为制定和调整供水价格的基本依据。

6）制定和调整价格前，供水单位应公开本企业有关经营情况和成本数据，以及社会关注的其他有关水价调整的信息；政府价格主管部门应公开成本监审报告，说明在成本监审过程中核增、核减企业成本支出等情况。

（2）水价调整以承受能力为上限。水价动态调整，须以评估的用水户水价承受能力为上限。用水户承受能力评价，可以按照统计学方法，设计科学的实地调研、问卷调查等方式获取；也可根据权威部门给定的比例，按照水费占可支配收入、产出效益的比例计算。

本书采用水价承受能力计算公式，考虑了水价承受能力的关键性影响因素，根据全国实际统计的各地区最高水价和实地调研数据进行拟合，在全国具有较好的适用性。

（3）充分考虑政府的缺口性补贴能力。水价动态调整后，地方政府应按照成本监审成果和最终定价，测算政府应给予供水单位的缺口性补贴额。

地方政府根据财政收入支出情况，评估供水缺口性补贴能力。补贴能力强的地区，可酌情降低水价，使得水价调整的社会阻力更小。补贴能力弱的地区，可在水价承受能力范围内，酌情提高水价，保障供水单位的成本回收。

（4）将供水质量作为调价依据。水利部门定期对供水单位的供水质量进行评估，评估内容包括供水量、供水水质是否满足要求，供水对象满意度等方面。供水质量作为调价的重要依据，纳入水价动态调整机制。供水质量好的，调价周期可适当缩短、调价幅度可适当提高；供水质量较差的，调价周期可适当延长、调价幅度可适当降低。

2. 水价动态调整步骤

水价动态调整机制按以下步骤开展：

(1) 供水单位进行年度成本监审和成本公开。供水单位按照要求进行年度成本监审，并按时间节点上报物价管理部门和水行政主管部门，在规定时间内在指定网站公布并回答社会质疑。

(2) 核算的水价承受能力。收集国民经济统计数据，按照规定的方法（如支付意愿法、典型调查法）等，核算该年度不同用水户的水价承受能力。

(3) 对比供水成本和水价承受能力，按以下几种情况调整水价：

1) 不考虑资源成本和环境成本。若水价承受能力超过单方供水全成本，按照单方供水全成本定价，政府不予以补贴；若水价承受能力不超过单方供水全成本，超过单方供水运行成本，按照水价承受能力定价，供水全成本的政府补贴额度为

供水全成本补贴额=(单方供水全成本－水价承受能力)×供水量

此时水价覆盖运行成本，不补贴运行成本。

若水价承受能力不超过单方供水运行成本，按照水价承受能力定价，供水全成本补贴额为

供水全成本补贴额=(单方供水全成本－水价承受能力)×供水量

运行成本补贴额为

运行成本补贴额=(单方供水运行成本－水价承受能力)×供水量

2) 在水价承受能力较大，可以负担资源成本和环境成本时，可以考虑在动态调价过程中，纳入源成本和环境成本。若水价承受能力超过单方供水社会全成本，按照单方供水社会全成本定价，政府不予补贴。若水价承受能力不足单方供水社会全成本，按照水价承受能力定价，政府予以补贴。

水价动态调整机制步骤如图 8-3 所示。

8.3.2 水价定期校核和定期调整制度

水价定期校核和定期调整制度，是在现有水价调整步骤的基础上，明确调

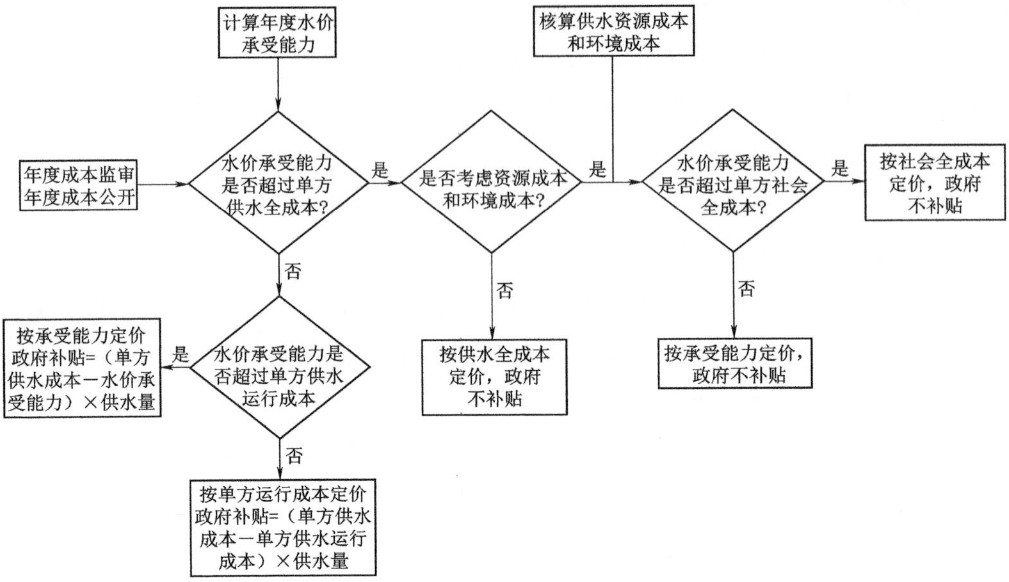

图 8-3 水价动态调整机制步骤图

价的周期，如规定 3～5 年必须校核一次水价，按照“供水成本＋税金＋利润”与现状水价对比分析，决定是否调价。如果现状水价与“供水成本＋税金＋利润”比较接近，则按照调价程序调整价格。如果现状水价与“供水成本＋税金＋利润”相差比较大，则需要规定每次调价的最小增长幅度，例如规定每 5 年调整 20％。如果现状水价大于“供水成本＋税金＋利润”，则调低水价。

8.3.3 水价调整政企用三方主要职责

1. 政府各相关部门主要职责

(1) 地方政府。全面领导水价动态调整工作，因地制宜制定供水定期成本监审和公开制度、供水质量评价制度、水价监测评价制度和水价执行奖惩制度，批准实施水价调整方案。

(2) 价格主管部门（具有定价权的县、县级市由本级价格主管部门负责，没有定价权的区由上级地级市价格主管部门负责）。监督供水单位进行定期成本监审和成本公开；聘请第三方进行水价承受能力评估；根据成本监审和水价承受能力评估制定水价调整方案，召开水价听证会；落实水价监测评价制度。

(3) 水利部门。制定水利工程建设规划、城乡供水规划和实施方案；对城乡供水进行行业指导；落实供水质量评价制度。

（4）财政部门。评估政府缺口性补贴承受能力；按照水价调整方案对应的缺口性补贴方案，落实政府对供水单位的缺口性补贴；落实水价执行奖惩制度；落实对城乡供水农村供水部门的税务优惠。

2. 供水单位（企业）主要职责

（1）按照行业标准和管理办法的要求，保障供水质量。

（2）严格控制不合理成本增长，按照定期成本监审和成本公开制度的要求，在规定时间节点完成定期成本监审和成本公开工作，接受用水户对供水成本的监督。

（3）接受行业主管单位或委托的第三方进行的供水质量评价。

3. 用水户职责

（1）在享受供水安全的同时，按时足额缴纳水费。

（2）通过查阅公开的成本监审报告、参加听证会等方式，深度参与水价动态调整过程，维护供需双方权益。

（3）养成节水意识，多途径节约用水。

8.3.4 水价调整可行性分析

水价调整方案编制后，主要从以下两个方面进行可行性分析。

1. 水价调整引起的 *CPI* 变化在考核允许范围内

CPI 的变化是政府考核的重要指标，水价调整必然会对 *CPI* 造成一定的影响，分析水价调整后区域 *CPI* 的变化幅度，将 *CPI* 变化范围控制在考核允许的范围内，否则政府批准水价调整方案的可能性较低。

2. 水价调整后政府缺口性补贴在政府承受能力范围

水价调整方案，计算的政府缺口性补贴，必须在地方政府财政支出可承受的范围内。政府履行公益性供水补贴的义务，是供水单位回笼资金、保障运行和投入供水工程建设的重要基础。若水价制定得很低，政府缺口性补贴太大，政府无力支付，无疑对水利工程建设行业发展不利。

8.3.5 政府缺口性补贴与调价模式推荐

1. 水利工程供水水价承受能力计算

水价承受能力一般是指用户对终端用水水价的承受能力，水利工程供水作为原水水价，不与用户直接发生关系，需要在一定的假设上分析其对应的承受能力。计算原水水价的承受能力的两个假设的前提如下：

（1）水价调价空间按照现有供水结构，对不同用水户加权而成，如非农业用水，采用生活用水和工业用水等水量和相应的调价空间加权计算。

（2）根据农业、非农业供水上下游水价联动公式，根据管网漏损率、灌溉水利用系数、增值税税率等计算水利工程水价变动对终端水价的影响，计算农业、非农业供水价格的调价空间。

根据以上假设，扣除末级渠系和城镇治水环节的成本，计算贵州省 2025 年、2030 年和 2035 年的原水水价承受能力见表 8－7。

表 8－7　　原水水价承受能力　　单位：元/m^3

市（自治州）	农业供水			非农业供水		
	2025 年	2030 年	2035 年	2025 年	2030 年	2035 年
贵阳	0.22	0.30	0.41	3.66	4.19	4.77
六盘水	0.33	0.39	0.46	4.47	4.96	5.51
遵义	0.32	0.39	0.48	2.45	2.85	3.29
安顺	0.63	0.74	0.87	3.14	3.62	4.16
毕节	0.18	0.24	0.31	3.13	3.61	4.15
铜仁	0.44	0.52	0.61	3.56	4.05	4.60
黔西南	0.63	0.70	0.80	4.50	5.00	5.55
黔东南	0.76	0.92	1.12	3.86	4.35	4.89
黔南	1.16	1.40	1.67	2.71	3.20	3.74

2. 未来“成本＋税金＋合理利润”水价变化情况

现有工程未来供水成本的变化，主要取决于物价的上涨和人工工资的增值，其他如固定资产折旧等部分则相对稳定。

根据贵州省物价指数拟合，2021—2025 年物价指数约为 101.2；2026—2030 年约为 100.7；2035 年约为 100.3。

2021—2025 年，我国 GDP 增长率约为 5.9%，2026—2035 年增长率约为 5%。按照可支配收入增长与 GDP 大致相当计算，2021—2025 年农村居民可支配收入增长率约为 5.9%，2026—2035 年增长率约为 5%。工资增值率与此同步。

计算公式为

$$Cf=Rf+Pf+D=R\times(1+\Delta R)+P\times(1+\Delta CPI)+D$$

式中 Cf——未来供水成本；

D——相对固定不变的成本；

Rf——未来工资报酬；

Pf——未来物料成本；

ΔR——预测员工工资变化率；

ΔCPI——预测居民消费价格指数变化率。

按照不同市（自治州）人工工资、物耗成本的比例不同，物价指数和工资增长率全省采用统一值，计算未来“成本＋税金＋合理利润”农业供水水价和非农业供水水价见表 8－8、表 8－9。

表 8－8　未来“成本＋税金＋合理利润”农业供水水价变化情况　单位：元/m³

市（自治州）	运行成本核算				全成本核算			
	现状年	2025 年	2030 年	2035 年	现状年	2025 年	2030 年	2035 年
贵阳	0.43	0.48	0.53	0.59	0.46	0.51	0.57	0.63
六盘水	0.37	0.41	0.45	0.51	0.76	0.84	0.93	1.04
遵义	0.29	0.34	0.40	0.48	0.79	0.94	1.10	1.30
安顺	0.6	0.71	0.84	0.99	1.23	1.46	1.71	2.03
毕节	0.46	0.53	0.61	0.71	0.57	0.66	0.76	0.88
铜仁	0.29	0.32	0.34	0.38	0.4	0.44	0.47	0.52
黔西南	0.9	0.52	0.58	0.66	2.28	0.90	1.00	1.14
黔东南	0.63	0.66	0.69	0.72	1.1	1.15	1.20	1.26
黔南	0.64	0.71	0.78	0.87	1.05	1.16	1.28	1.43

表 8－9　未来“成本＋税金＋合理利润”非农业供水水价变化情况　单位：元/m³

市（自治州）	运行成本核算				全成本核算			
	现状年	2025 年	2030 年	2035 年	现状年	2025 年	2030 年	2035 年
贵阳	0.53	0.59	0.66	0.73	0.57	0.63	0.70	0.78
六盘水	0.46	0.51	0.57	0.63	0.93	1.03	1.14	1.28
遵义	0.37	0.43	0.51	0.60	0.97	1.15	1.35	1.59
安顺	0.74	0.88	1.03	1.22	1.49	1.77	2.08	2.47
毕节	0.57	0.66	0.76	0.88	0.70	0.81	0.93	1.08
铜仁	0.37	0.40	0.43	0.48	0.50	0.54	0.59	0.65
黔西南	1.10	0.64	0.72	0.81	2.76	1.09	1.23	1.39
黔东南	0.77	0.81	0.85	0.89	1.34	1.40	1.46	1.54
黔南	0.79	0.87	0.96	1.07	1.28	1.41	1.56	1.74

3. 不同调价模式下的政府缺口性补贴规模

设计保持现状水价、定期校核（5 年最高调价 20%）以及动态调价三种调价情景，水价必须在可承受能力范围之内，当制定的水价高于按照“供水全成本＋税金＋合理利润”水价时，政府不提供缺口性补贴，当低于该水价时，政府提供缺口性补贴。农业和非农业供水量以现状供水为依据。

计算结果表明，若水价长期不进行调整（维持现状水价情景），所有工程补偿到“供水全成本＋税金＋利润”水价，则全省所需要的政府缺口性补贴不断增大，从 2025 年的 69.14 亿元，增加到 2030 年的 82.15 亿元，到 2035 年增加到 97.56 亿元，政府负担将不断增大。

若水价按照 5 年调价 20%的情景，所有工程补偿到“供水全成本＋税金＋利润”水价，则全省所需要的政府缺口性补贴比长期不调价情景有所减少，2025 年为 62.79 亿元，2030 年为 69.06 亿元，到 2035 年为 78.13 亿元。可见，由于目前贵州省水价严重偏低，定期校核幅度不够的话，对减轻政府负担的作用比较有限。

若水价进行动态调整，即每年动态评估用户承受能力，在承受能力范围内尽可能靠近“供水全成本＋税金＋利润”水价，则政府所需缺口性补贴显著减少，从 2025 年的 24.87 亿元，到 2030 年的 26.35 亿元，到 2035 年为 28.45 亿元。

4. 调价模式推荐

分析结果表明（表 8－10～表 8－17），贵州省现行水价严重偏低，长期不调整政府负担会越来越重。若采用定期调价的模式，每次调价幅度在承受能力范围内要尽可能大，否则对减轻政府负担的作用有限。动态评估承受能力、动态调价是最理想的方式，是减轻政府负担的最有效方式，但是前几次动态调价的调价幅度会比较高，引起社会反弹。建议短期内采用定期调价模式，长期待用户承受能力提高，必然要采用动态调价模式。

表 8－10　粮食作物供水水价、成本、承受能力对比表　单位：元/m^3

市（自治州）	原水全成本水价	原水运行成本水价	现状原水水价	原水水价承受能力	原水调价空间	现状终端水价
贵阳	0.46	0.43	0.06	0.33	0.27	0.2
六盘水	0.76	0.37	0.30	0.30	0.00	0.6
遵义	0.79	0.29	0.08	0.47	0.39	0.26
安顺	1.23	0.60	0.08	0.64	0.56	0.08

续表

市（自治州）	原水全成本水价	原水运行成本水价	现状原水水价	原水水价承受能力	原水调价空间	现状终端水价
毕节	0.57	0.46	0.13	0.32	0.19	0.55
铜仁	0.40	0.29	0.20	0.64	0.44	0.3
黔西南	2.28	0.90	0.29	0.80	0.51	0.16
黔东南	1.10	0.63	0.09	0.76	0.67	0.16
黔南	1.05	0.64	0.09	1.16	1.07	0.3

注 原水水价即为水利工程供水水价，不包含末级渠系价格。

表 8-11　　经济作物供水水价、成本、承受能力对比表　　单位：元/m^3

市（自治州）	原水全成本水价	原水运行成本水价	现状原水水价	原水水价承受能力	原水调价空间	现状终端水价
贵阳	0.46	0.43	0.06	0.33	0.27	0.2
六盘水	0.76	0.37	0.30	0.30	0.00	0.6
遵义	0.79	0.29	0.08	0.47	0.39	0.264
安顺	1.23	0.60	0.08	0.64	0.56	0.08
毕节	0.57	0.46	0.13	0.32	0.19	0.55
铜仁	0.40	0.29	0.20	0.64	0.44	0.3
黔西南	2.28	0.90	0.29	0.80	0.51	0.16
黔东南	1.10	0.63	0.09	0.76	0.67	0.16
黔南	1.05	0.64	0.09	1.16	1.07	0.3

表 8-12　　城镇生活供水水价、成本、承受能力对比表　　单位：元/m^3

市（自治州）	原水全成本水价	原水运行成本水价	现状原水水价	原水水价承受能力	原水调价空间	现状终端水价
贵阳	0.57	0.53	0.36	3.23	2.87	1.82
六盘水	0.93	0.46	2.00	4.15	2.15	2.7
遵义	0.97	0.37	0.71	2.52	1.81	2.8
安顺	1.49	0.74	0.72	2.79	2.07	2.75
毕节	0.70	0.57	0.33	3.00	2.67	2.3
铜仁	0.50	0.37	1.09	3.03	1.94	2.7

续表

市（自治州）	原水全成本水价	原水运行成本水价	现状原水水价	原水水价承受能力	原水调价空间	现状终端水价
黔西南	2.76	1.10	1.01	4.08	3.07	1.8
黔东南	1.34	0.77	0.77	3.52	2.75	2.15
黔南	1.28	0.79	0.21	2.73	2.52	2.3

表 8-13　农村生活供水水价、成本、承受能力对比表　单位：元/m^3

市（自治州）	原水全成本水价	原水运行成本水价	现状原水水价	原水水价承受能力	原水调价空间	现状终端水价
贵阳	0.57	0.53	0.36	2.91	2.55	1.82
六盘水	0.93	0.46	2.00	3.62	1.62	2.7
遵义	0.97	0.37	0.71	2.09	1.38	2.8
安顺	1.49	0.74	0.72	2.27	1.55	2.75
毕节	0.70	0.57	0.33	2.45	2.12	2.3
铜仁	0.50	0.37	1.09	2.50	1.41	2.7
黔西南	2.76	1.10	1.01	3.56	2.55	1.8
黔东南	1.34	0.77	0.77	2.98	2.21	2.15
黔南	1.28	0.79	0.21	2.26	2.05	2.3

表 8-14　工业供水水价、成本、承受能力对比表　单位：元/m^3

市（自治州）	原水全成本水价	原水运行成本水价	现状原水水价	原水水价承受能力	原水调价空间	现状终端水价
贵阳	0.57	0.53	2.64	9.78	7.14	4.04
六盘水	0.93	0.46	2.00	4.06	2.06	4.1
遵义	0.97	0.37	0.71	10.95	10.24	4.05
安顺	1.49	0.74	0.72	1.07	0.35	4.13
毕节	0.70	0.57	0.25	0.93	0.68	3.7
铜仁	0.50	0.37	1.09	2.75	1.66	4.05
黔西南	2.76	1.10	0.40	6.22	5.82	3
黔东南	1.34	0.77	1.29	1.73	0.44	3
黔南	1.28	0.79	0.21	4.89	4.68	4.8

表 8-15 水价不调整情景下的政府缺口性补贴估算 单位：亿元

序号	市（自治州）	农业供水量/亿 m^3	非农业供水量/亿 m^3	2025 年农业			2025 年非农业			2025 年缺口性补贴	2030 年农业			2030 年非农业			2030 年缺口性补贴	2035 年农业			2035 年非农业			2035 年缺口性补贴
				成本+税金+利润	承受能力	维持现状水价	成本+税金+利润	承受能力	维持现状水价		成本+税金+利润	承受能力	维持现状水价	成本+税金+利润	承受能力	维持现状水价		成本+税金+利润	承受能力	维持现状水价	成本+税金+利润	承受能力	维持现状水价	
1	贵阳	3.72	7.74	0.51	0.22	0.06	0.63	3.66	0.36	3.79	0.57	0.30	0.06	0.70	4.19	0.36	4.51	0.63	0.41	0.06	0.78	4.77	0.36	5.41
2	六盘水	2.88	5.39	0.84	0.33	0.30	1.03	4.47	2.00	1.57	0.93	0.39	0.30	1.14	4.96	2.00	1.82	1.04	0.46	0.30	1.28	5.51	2.00	2.14
3	遵义	17.04	7.51	0.94	0.32	0.08	1.15	2.45	0.71	17.94	1.10	0.39	0.08	1.35	2.85	0.71	22.17	1.30	0.48	0.08	1.59	3.29	0.71	27.46
4	安顺	5.25	3.52	1.46	0.63	0.08	1.77	3.14	0.72	10.96	1.71	0.74	0.08	2.08	3.62	0.72	13.37	2.03	0.87	0.08	2.47	4.16	0.72	16.41
5	毕节	5.01	7.26	0.66	0.18	0.13	0.81	3.13	0.33	6.17	0.76	0.24	0.13	0.93	3.61	0.33	7.53	0.88	0.31	0.13	1.08	4.15	0.33	9.23
6	铜仁	5.30	3.62	0.44	0.44	0.20	0.54	3.56	1.09	−0.74	0.47	0.52	0.20	0.59	4.05	1.09	0.00	0.52	0.61	0.20	0.65	4.60	1.09	0.11
7	黔西南	4.51	3.51	0.90	0.63	0.29	1.09	4.50	1.01	3.03	1.00	0.70	0.29	1.23	5.00	1.01	3.98	1.14	0.80	0.29	1.39	5.55	1.01	5.17
8	黔东南	9.62	3.72	1.15	0.76	0.09	1.40	3.86	0.77	12.54	1.20	0.92	0.09	1.46	4.35	0.77	13.27	1.26	1.12	0.09	1.54	4.89	0.77	14.16
9	黔南	8.40	4.07	1.16	1.16	0.09	1.41	2.71	0.21	13.89	1.28	1.40	0.09	1.56	3.20	0.21	15.49	1.43	1.67	0.09	1.74	3.74	0.21	17.48
全省										69.14							82.15							97.56

表 8-16　定期调价（每 5 年调整 20%）情景下的政府缺口性补贴估算

单位：亿元

序号	市（自治州）	农业供水量/亿 m^3	非农业供水量/亿 m^3	2025 年农业			2025 年非农业			2025 年缺口性补贴	2030 年农业			2030 年非农业			2030 年缺口性补贴	2035 年农业			2035 年非农业			2035 年缺口性补贴
				成本+税金+利润	承受能力	定期调整水价	成本+税金+利润	承受能力	定期调整水价		成本+税金+利润	承受能力	定期调整水价	成本+税金+利润	承受能力	定期调整水价		成本+税金+利润	承受能力	定期调整水价	成本+税金+利润	承受能力	定期调整水价	
1	贵阳	3.72	7.74	0.51	0.22	0.07	0.63	3.66	0.43	3.18	0.57	0.30	0.09	0.70	4.19	0.52	3.19	0.63	0.41	0.10	0.78	4.77	0.62	3.22
2	六盘水	2.88	5.39	0.84	0.33	0.36	1.03	4.47	2.40	1.39	0.93	0.39	0.43	1.14	4.96	2.88	1.44	1.04	0.46	0.52	1.28	5.51	3.46	1.51
3	遵义	17.04	7.51	0.94	0.32	0.10	1.15	2.45	0.85	16.60	1.10	0.39	0.12	1.35	2.85	1.02	19.23	1.30	0.48	0.14	1.59	3.29	1.23	22.59
4	安顺	5.25	3.52	1.46	0.63	0.10	1.77	3.14	0.86	10.37	1.71	0.74	0.12	2.08	3.62	1.04	12.07	2.03	0.87	0.14	2.47	4.16	1.24	14.26
5	毕节	5.01	7.26	0.66	0.18	0.16	0.81	3.13	0.40	5.56	0.76	0.24	0.19	0.93	3.61	0.48	6.19	0.88	0.31	0.22	1.08	4.15	0.57	7.01
6	铜仁	5.30	3.62	0.44	0.44	0.24	0.54	3.56	1.31	−1.74	0.47	0.52	0.29	0.59	4.05	1.57	0.00	0.52	0.61	0.35	0.65	4.60	1.88	0.93
7	黔西南	4.51	3.51	0.90	0.63	0.35	1.09	4.50	1.21	2.06	1.00	0.70	0.42	1.23	5.00	1.45	1.84	1.14	0.80	0.50	1.39	5.55	1.75	1.63
8	黔东南	9.62	3.72	1.15	0.76	0.11	1.40	3.86	0.92	11.79	1.20	0.92	0.13	1.46	4.35	1.11	10.32	1.26	1.12	0.16	1.54	4.89	1.33	10.67
9	黔南	8.40	4.07	1.16	1.16	0.11	1.41	2.71	0.25	13.57	1.28	1.40	0.13	1.56	3.20	0.30	14.78	1.43	1.67	0.16	1.74	3.74	0.36	16.31
全省										62.79							69.06							78.13

表 8-17 动态调价情景下的政府缺口性补贴估算

单位：亿元

序号	市（自治州）	农业供水量/亿 m^3	非农业供水量/亿 m^3	2025 年农业			2025 年非农业			2025 年缺口性补贴	2030 年农业			2030 年非农业			2030 年缺口性补贴	2035 年农业			2035 年非农业			2035 年缺口性补贴
				成本+税金+利润	承受能力	动态调整水价	成本+税金+利润	承受能力	动态调整水价		成本+税金+利润	承受能力	动态调整水价	成本+税金+利润	承受能力	动态调整水价		成本+税金+利润	承受能力	动态调整水价	成本+税金+利润	承受能力	动态调整水价	
1	贵阳	3.72	7.74	0.51	0.22	0.22	0.63	3.66	0.63	1.08	0.57	0.30	0.30	0.70	4.19	0.70	0.98	0.63	0.41	0.41	0.78	4.77	0.78	0.83
2	六盘水	2.88	5.39	0.84	0.33	0.33	1.03	4.47	1.03	1.48	0.93	0.39	0.39	1.14	4.96	1.14	1.57	1.04	0.46	0.46	1.28	5.51	1.28	1.68
3	遵义	17.04	7.51	0.94	0.32	0.32	1.15	2.45	1.15	10.54	1.10	0.39	0.39	1.35	2.85	1.35	12.05	1.30	0.48	0.48	1.59	3.29	1.59	14.08
4	安顺	5.25	3.52	1.46	0.63	0.63	1.77	3.14	1.77	4.37	1.71	0.74	0.74	2.08	3.62	2.08	5.11	2.03	0.87	0.87	2.47	4.16	2.47	6.10
5	毕节	5.01	7.26	0.66	0.18	0.18	0.81	3.13	0.81	2.39	0.76	0.24	0.24	0.93	3.61	0.93	2.59	0.88	0.31	0.31	1.08	4.15	1.08	2.83
6	铜仁	5.30	3.62	0.44	0.44	0.44	0.54	3.56	0.54	0.00	0.47	0.52	0.47	0.59	4.05	0.59	0.00	0.52	0.61	0.52	0.65	4.60	0.65	0.00
7	黔西南	4.51	3.51	0.90	0.63	0.63	1.09	4.50	1.09	1.22	1.00	0.70	0.70	1.23	5.00	1.23	1.35	1.14	0.80	0.80	1.39	5.55	1.39	1.55
8	黔东南	9.62	3.72	1.15	0.76	0.76	1.40	3.86	1.40	3.79	1.20	0.92	0.92	1.46	4.35	1.46	2.70	1.26	1.12	1.12	1.54	4.89	1.54	1.39
9	黔南	8.40	4.07	1.16	1.16	1.16	1.41	2.71	1.41	0.00	1.28	1.40	1.28	1.56	3.20	1.56	0.00	1.43	1.67	1.43	1.74	3.74	1.74	0.00
全省										24.87							26.35							28.45

8.4 本章小结

本章分别梳理了水利工程供水价格定价理论的方法、水利工程供水价格的体系以及水利工程供水价格调价制度等三方面内容。

(1) 水利工程价格定价理论方法主要包括按供水服务成本定价、按供水边际成本定价、按完全市场定价、按供水全成本定价、激励性价格管制等方法，接着重点对全成本供水价格约束定价法、“两部制”水价计价模式及水利工程供水价格激励管制制度作了介绍。

(2) 介绍了基本水价的计算方法和步骤，提出考虑不同水源差价关系、不同用户比价关系的合理水价体系的建议，并对考虑承受能力的基本水价进行核算，结果显示，除黔西南州以外，其他市（自治州）水价承受能力皆可覆盖按照全成本核算的基本水价。近期承受能力基本不是水价调节的主要阻力。

(3) 从水价动态调整制度、水价定期校核和定期调整制度、水价调整政企用三方主要职责、水价调整的可行性分析以及政府缺口性补贴与模式推荐等方面详细描述了水利工程供水价格调价制度的主要内容，明晰了水价动态调整的原则、步骤，水价定期校核和调整的条件，水价调整中政府部门、供水单位、用水户的具体职责要求、水价调整的可行性的角度评价和进行水价调整的政府缺口型补贴和调整模式推荐的实施依据。

第9章　结论与建议

本书针对贵州省水价改革面临的问题，以水库工程为例，从水利工程运行管理、水价形成机制、定价机制、价格体系、收费机制、奖补体系等方面提出了应对建议。

9.1 结　论

通过本书研究，得到结论如下：

（1）水利工程建设与维护是贵州省实现高质量发展的关键，水价改革是保障水利工程良性运行和建设投融资的“金钥匙”。贵州省地处我国四大旱灾多发区之一的“西南干旱区”，“人高水低、地高水低”的工程性缺水问题较为突出。水利工程建设和运行作为国民经济发展的基本保障，资金保障有待落实。“十四五”时期，贵州省规划建设骨干水源工程281座、引调水工程11处，工程总投资2300亿元。自2011年，水投集团投资工程建设资金缺口达到了585.98亿，资金缺口较大。水利工程管理单位收入不足，存在维修养护资金紧缺等问题。据测算，全省水库工程需要维修养护资金5.25亿元/年。但近年来，中央财政补助水利工程维修养护经费为0.75亿元/年，而省级财政补助仅为0.15亿元/年，资金保障率不到20%。水利工程良性运行受到影响，工程安全得不到保障，社会资本进入水利工程建设行业的动力不足。亟须通过水价改革，解决工程维修养护资金不足的问题。

（2）水价改革滞后，存在“定价难、定得低、调不动、收不好”等一系列问题。贵州省水库总定价率为43.02%，定价率偏低。群众水商品意识薄弱，水利工程修建的“投劳折资”等历史遗留问题，工程配套资金不到位，监测计量基础设施不配套等多种因素，是水利工程水价“定价难”的主要原因。

贵州省农业水价平均值为0.15元/m^3，比全国的平均值0.137元/m^3稍高，仅占运行成本的25%，供水全成本的17%。非农业水价平均值为0.58元/m³，比全国的平均值0.70元/m³偏低，与运行成本基本持平，只有供水全成本的67%。由于水价调价窗口期短、调整步骤繁琐等原因，造成了水价“定得低、调不动”的问题。

贵州省水库工程收费率仅有11.36%，远低于全国平均水平的32%。贵州省地处我国西南山区，农业灌溉用水户分散、点多面广，收费工作复杂，农村地区常住人口少、外出务工人员多，造成水价“收不好”的问题。

(3) 贵州省水利工程供水价格未达到承受能力，尚有较大的调价空间。采用计量经济学模型，按照支付意愿公式及可承受水价公式，计算了贵州省现状（近5年）与未来的粮食作物、经济作物、农村生活、城市生活和工业的水价承受能力。根据统计数据水利工程水价占终端水价的比例，按照非农业供水终端调价空间的20%计算水利工程非农业供水价格的调价空间，农业供水终端调价空间的50%计算水利工程农业供水的调价空间。计算结果表明，全省水利工程农业供水、非农业供水均有一定的调价空间，其中城镇生活供水调价空间在1.39～2.69元/m³，农村生活供水调价空间在1.04～2.48元/m³，工业供水调价空间在0.27～8.68元/m³；农业供水中，粮食作物调价空间在0～1.58元/m³，经济作物在0～2.00元/m³。

贵州省大部分市（自治州）现行水价与水价承受能力还有差距，还存在较大的调价空间，承受能力不是水价调整的主要限制因素。

(4) 水利工程供水权益资本合理盈利率应在7%以上。根据现行《水利工程供水价格管理办法》和《政府制定价格成本监审办法》的有关规定，农业用水价格按补偿供水生产成本、费用的原则核定，不计利润和税金；非农业供水价格在补偿供水生产成本、费用和依法计税的基础上，按供水净资产计提利润，利润率按国内商业银行长期贷款利率加2%～3%确定。

按照2021年中国人民银行贷款基准利率，5年以上贷款利率4.65%，上浮2%～3%，利润率为6.65%～7.65%，综合调查社会资本投资水利工程建设权益资本的预期利润率为7%左右。为吸引社会资本参与水利工程建设，建议权益资本的利润率在7%以上，社会资本融资权益资本的利润为7%～13%，债务资本利润率按照实际融资利率计算。

(5) 动态调整水价可有效减轻政府补贴负担，实现“以水养水”。

对比分析了三种不同水价调整情景下，政府缺口性补贴的额度：

1）若水价长期维持现状水价，全省所需要的政府缺口性补贴不断增大，从2025年的69.14亿元，增加到2030年的82.15亿元，到2035年增加到97.56亿元，政府负担将不断增大。

2）若水价按照5年调价20%的情景，则全省所需要的政府缺口性补贴比长期不调价情景有所减少，2025年为62.79亿元，2030年为69.06亿元，到2035年为78.13亿元。可见，由于目前贵州省水价严重偏低，若定期校核幅度不够，对减轻政府负担的作用较为有限。

3）若水价进行动态调整，每年根据成本和承受能力调整水价，则政府所需缺口性补贴显著减少，2025年为24.87亿元；2030年为26.35亿元；2035年为28.45亿元，“以水养水”能力显著提高。

建议短期内采用定期校核调价模式，长期待用户承受能力提高，再采用动态调价模式。

9.2 建　　议

9.2.1 运营管护建议

水价改革的关键，是要统筹推进水管体制改革和水价改革。贵州省现有水利工程管理单位多为事业单位，在管理、收费中存在一系列的问题。建议以水利工程建设投融资体制改革为契机，新建工程以企业运营管理为主，逐步将事业单位占多数转变为企业单位占多数，以水价改革为动力，增强管理单位活力，解决水利工程管理单位的生存问题，释放水利工程管理单位对水价改革的动力。

9.2.2 水价形成机制政策建议

水价形成机制政策建议如下：

（1）加强顶层设计。加快出台《贵州省水利工程供水价格管理办法》和《贵州省水利工程供水定价成本监审办法》。在《贵州省水利工程供水价格管理办法》和《贵州省水利工程供水定价成本监审办法》制定出台前，针对当前存在的问题，根据《“十四五”时期深化价格机制改革行动方案》等文件要求，以省政府名义制定《加快水利工程水价改革的实施意见》，指导开展工作。

（2）按照“先建机制、再建工程”的要求，变“事后定价”为“事前定价”，新建工程推动供需双方在工程建设前进行协商定价，并明确协商定价的上下限，将价格主管部门、水行政主管部门、供需双方纳入协商定价的参与方，确保协商结果的合法性和有效性。依法依规监督协议结果的执行。

（3）按照“两手发力”的要求，区分公益供水和非公益供水，执行不同的水价形成机制。对粮油作物基本灌溉、基本生活等公益性供水，充分发挥政府的作用，执行政府指导价。对于经济作物、工业等非公益性供水，充分发挥市场机制，鼓励供需双方协商定价，协商定价的建议下限为“供水全成本＋税金＋利润”，上限为区域特种行业用水价格。不断完善协商定价的体制机制。

9.2.3 定价机制政策建议

定价机制政策建议如下：

（1）建立水价动态调整机制或定期校核机制。建立水价动态调整机制和定期校核机制，动态评估供水成本变化和用户承受能力变化，从而动态调整水利工程供水价格。建议明确水价承受能力或供水运行成本变化超过 10%必须启动调价程序；建议参考《城镇供水价格管理办法》，将调价的最低周期定为 3～5 年，减少因水价长期得不到调整造成的亏损。

（2）采用“一库一价”和区域标杆水价相结合的定价模式。对大型水库，执行“一库一价”的定价模式。对于中小型水库，采用区域标杆水价，尽快解决大量水库未定价的问题。

（3）向国家发改委建议，明确水利工程供水权益资本准许收益率。现行《水利工程供水价格管理办法》规定，合理收益率为国内商业银行长期贷款利率上浮 2%～3%；《城镇供水价格管理办法》给出的权益资本准许收益率为按照监管周期初始年前一年国家 10 年期国债平均收益率加不超过 4%核定。

通过调研，社会资本愿意投入水利工程建设的权益资本预期盈利率在 7%以上。

建议通过向国家发改委、水利部、贵州省发改委汇报、沟通，明确水利工程供水权益资本准许收益率在 7%以上。对于社会融资建设的水利工程，权益资本收益率应该进一步放开至 7%～13%，以鼓励社会资本参与水利工程建设。债务资本按照实际融资利率执行。